BESTACTIVITYBOOKS.COM

PRIMA EDIZIONE 2022

Illustrazione Grafica Extra: www.freepik.com
Grazie a Alekksall, Starline, Pch.vector, Rawpixel.com,
Vectorpocket, Dgim-studio, Upklyak, Macrovector,
Stockgiu, Pikisuperstar & Freepik.com Designers

5 CONSIGLI PER INIZIARE

1) COME RISOLVERE LE PAROLE INTRECCIATTE

I puzzle hanno un formato classico:

- Le parole sono nascoste senza spazi o trattini,...
- Orientamento: Le parole possono essere scritte in avanti, indietro, verso l'alto, verso il basso o in diagonale (possono essere invertite).
- Le parole possono sovrapporsi o intersecarsi.

2) APPRENDIMENTO ATTIVO

Accanto ad ogni parola c'è uno spazio per scrivere la traduzione. Per incoraggiare l'apprendimento attivo, un **DIZIONARIO** alla fine di questa edizione vi permetterà di controllare e ampliare le vostre conoscenze. Cerca e scrivi le traduzioni, trovale nel puzzle e aggiungile al tuo vocabolario!

3) SEGNARE LE PAROLE

Puoi inventare il tuo sistema di segni. Forse ne usi già uno? Per esempio, puoi segnare le parole difficili da trovare con una croce, le parole preferite con una stella, le parole nuove con un triangolo, le parole rare con un diamante, e così via.

4) STRUTTURARE L'APPRENDIMENTO

Questa edizione offre un **TACCUINO** alla fine del libro. In vacanza, in viaggio o a casa, puoi organizzare facilmente le tue nuove conoscenze senza bisogno di un secondo quaderno!

5) AVETE FINITO TUTTE LE GRIGLIE?

Nelle ultime pagine di questo libro, nella sezione della **SFIDA FINALE**, troverete un gioco gratuito!

Facile e veloce! Dai un'occhiata alla nostra collezione di libri di attività per il tuo prossimo momento di divertimento e **apprendimento,** a portata di clic!

Trova la tua prossima sfida su:

BestActivityBooks.com/MioProssimoLibro

Ai vostri posti, pronti...Via!

Sapevi che ci sono circa 7.000 lingue diverse nel mondo? Le parole sono preziose.

Amiamo le lingue e abbiamo lavorato duramente per creare libri di altissima qualità. I nostri ingredienti?

Una selezione di argomenti adatti all'apprendimento, tre buone porzioni di intrattenimento, una cucchiaiata di parole difficili e una spolverata di parole rare. Li serviamo con amore e entusiasmo in modo che tu possa risolvere i migliori giochi di parole e divertirti imparando!

La vostra opinione è essenziale. Puoi partecipare attivamente al successo di questo libro lasciandoci un commento. Ci piacerebbe sapere cosa ti è piaciuto di più di questa edizione.

Ecco un link veloce alla pagina dell'ordine:

BestBooksActivity.com/Recensione50

Grazie per il vostro aiuto e buon divertimento!

Tutta la squadra

1 - Scacchi

L	M	L	Ð	Y	U	X	A	G	Ð	U	S	T	Y	U
E	E	M	Y	K	J	S	S	Q	R	Þ	T	Ó	M	V
G	Z	I	K	O	N	U	N	G	U	R	E	A	D	S
T	Y	D	K	O	I	A	R	L	L	M	F	Ð	R	J
H	Þ	N	B	M	R	L	Ó	R	G	P	N	L	O	A
B	L	A	H	G	A	A	F	I	E	S	U	Æ	T	C
G	X	L	B	M	T	Ð	B	N	R	T	T	R	T	T
V	Z	Æ	S	T	S	R	U	A	U	I	Í	A	N	K
B	Z	M	M	Z	I	E	Ð	R	I	G	M	K	I	D
Ð	S	T	V	Q	E	G	H	O	S	N	I	B	N	C
C	U	Ó	R	X	M	Ð	U	K	V	X	P	Q	G	V
S	T	M	T	O	Y	A	P	S	A	V	Y	P	X	I
K	S	N	J	A	L	L	T	Á	R	U	K	I	E	L
Á	U	A	H	V	Í	T	U	R	T	W	B	E	E	K
S	H	Z	A	H	L	W	E	U	Q	E	M	Q	F	Y

MÓTMÆLANDI
HVÍTUR
MEISTARI
KEPPNI
SKÁ
LEIKMAÐUR
LEIKUR
SNJALL
SVART
AÐGERÐALAUS
AÐ LÆRA
STIG
KONUNGUR
DROTTNING
REGLUR
FÓRN
ÁSKORANIR
STEFNU
TÍMI
MÓT

2 - Salute e Benessere #2

O	O	F	N	Æ	M	I	P	E	W	Y	C	Z	H	S
P	F	I	Ð	Æ	R	F	A	R	Æ	F	F	Í	L	J
L	N	Þ	J	Y	G	D	K	F	Z	K	S	V	U	Ú
V	I	Q	O	F	S	P	R	Ð	J	A	J	Í	B	K
H	Q	L	F	R	Z	M	O	A	S	L	Ú	T	I	R
M	E	Y	V	S	N	L	H	F	M	O	K	A	Ð	A
A	L	I	V	H	D	U	G	R	I	R	D	M	Æ	H
T	Í	T	L	H	N	H	N	Æ	T	Í	Ó	Í	R	Ú
A	K	Æ	R	B	O	K	E	Ð	U	A	M	N	A	S
R	A	L	G	B	R	U	F	I	N	H	U	D	T	Z
L	M	N	N	A	R	I	D	M	I	U	R	D	A	N
Y	I	I	I	U	P	M	G	N	I	T	L	E	M	E
S	H	E	R	A	D	W	N	Ð	Ó	L	B	K	Þ	I
T	N	R	Æ	H	Y	D	Y	N	U	S	U	B	J	M
C	K	H	N	D	K	C	Þ	Z	G	R	W	Y	P	M

OFNÆMI
LÍFFÆRAFRÆÐI
MATARLYST
KALORÍA
LÍKAMI
MATARÆÐI
MELTING
OFÞORNUN
ORKA
ERFÐAFRÆÐI
HREINLÆTI
SMITUN
SJÚKDÓMUR
NUDD
NÆRING
SJÚKRAHÚS
ÞYNGD
BLÓÐ
HEILBRIGÐUR
VÍTAMÍN

3 - Aggettivi #2

S	L	H	E	I	L	B	R	I	G	Ð	U	R	D	D
P	K	Ý	Y	R	L	K	R	V	Q	S	R	S	S	R
X	Á	A	S	S	V	A	N	G	U	R	L	V	T	A
V	H	Y	P	A	M	P	D	H	C	Z	U	A	O	M
U	U	K	J	A	N	L	S	R	U	T	Æ	S	L	A
E	G	S	Y	Þ	N	D	Ð	E	U	X	W	F	T	T
N	A	E	K	T	A	D	I	I	S	G	U	Y	U	Í
Ý	V	L	F	G	B	G	I	N	A	V	Æ	O	R	S
T	E	Q	F	B	Ð	B	I	T	L	P	L	R	X	K
T	R	L	L	I	K	I	M	A	T	S	A	K	F	A
D	T	R	A	S	M	C	G	R	U	K	R	E	T	S
G	Y	V	S	T	G	E	L	U	R	Ú	T	T	Á	N
G	L	Æ	S	I	L	E	G	U	R	Þ	G	F	R	E
E	Ð	L	I	L	E	G	T	R	U	G	R	Y	B	Á
Z	B	N	B	E	T	I	Ð	O	Þ	J	Y	Þ	J	G

SVANGUR
ÞURR
EKTA
SKAPANDI
LÝSANDI
SÆTUR
DRAMATÍSK
GLÆSILEGUR
FRÆGUR
STERKUR
ÁHUGAVERT
NÁTTÚRULEGT
EÐLILEGT
NÝTT
STOLTUR
AFKASTAMIKILL
HREINT
ÁBYRGUR
SALTUR
HEILBRIGÐUR

4 - Ingegneria

S	S	Á	S	K	I	R	D	S	D	W	C	V	Ð	H
T	K	N	Q	F	N	L	S	T	Ð	Í	D	P	Z	Þ
Ö	Ý	Z	F	R	L	Z	N	A	U	Ú	S	Ý	R	Y
Ð	R	S	L	F	A	J	Ý	N	K	T	S	E	P	F
U	I	U	G	Í	R	T	I	G	S	R	N	A	L	T
G	N	C	K	H	O	R	N	I	M	E	Ú	P	Á	I
L	G	A	R	R	L	H	E	R	Í	I	N	F	M	I
E	A	K	R	O	Y	Y	H	A	Ð	K	I	H	R	M
I	R	S	F	R	A	T	K	W	I	N	N	I	E	Æ
K	M	L	K	A	A	O	S	H	V	I	G	O	V	L
I	Y	B	Y	G	G	I	N	G	É	N	U	C	Þ	I
G	N	I	F	I	E	R	D	L	L	G	R	J	S	N
K	D	F	L	J	Ó	T	A	N	D	I	J	U	G	G
F	F	F	S	J	Þ	C	W	Y	T	B	N	Z	C	G
M	I	R	J	E	Y	Þ	Z	Ð	R	U	D	N	O	R

HORN
ÁS
ÚTREIKNING
SMÍÐI
SKÝRINGARMYND
ÞVERMÁL
DÍSEL
DREIFING
ORKA
STYRKUR
GÍR
STANGIR
FLJÓTANDI
VÉL
MÆLING
DÝPT
KNÝJA
SNÚNINGUR
STÖÐUGLEIKI
BYGGING

5 - Archeologia

B	F	F	T	F	R	A	N	N	S	Ó	K	N	I	R
A	Z	Þ	E	O	M	U	M	Í	T	A	M	C	L	U
F	K	W	M	R	T	A	F	K	O	M	A	N	D	I
G	U	S	P	N	R	O	F	L	T	N	Y	Þ	Y	Q
P	R	Þ	L	Ö	K	Ó	Þ	E	K	K	T	E	X	L
Z	R	E	E	L	R	Á	Ð	G	Á	T	A	Y	L	F
D	O	Ó	I	D	H	R	Þ	E	Z	Á	R	Q	F	G
Y	I	Q	F	N	S	I	Ð	M	E	N	N	I	N	G
G	B	O	X	E	I	T	U	L	H	Y	Z	P	U	B
B	E	I	N	D	S	N	G	R	Ö	F	W	F	V	Z
Z	I	G	X	O	V	S	G	K	T	I	X	Ð	V	J
C	U	G	C	Y	R	X	O	I	N	W	A	J	G	Ð
Z	Q	V	X	B	I	Þ	E	R	W	M	X	B	I	B
M	I	N	N	I	M	L	I	Ð	P	Z	G	Y	Þ	O
Z	J	Y	S	É	R	F	R	Æ	Ð	I	N	G	U	R

GREINING
ÁR
FORNÖLD
FORN
SIÐMENNING
GLEYMT
AFKOMANDI
TÍMUM
SÉRFRÆÐINGUR
RÁÐGÁTA
HLUTI
BEIN
PRÓFESSOR
MINNI
RANNSÓKNIR
ÓÞEKKT
LIÐ
TEMPLE
GRÖF
MAT

6 - Salute e Benessere #1

R	J	M	F	O	R	O	V	Z	P	Q	M	T	S	Þ
D	G	Þ	P	J	K	R	A	R	K	T	E	R	Þ	Z
V	E	I	R	A	R	I	N	K	Æ	L	Ð	Æ	H	H
A	E	R	Q	X	U	P	S	X	G	H	F	M	P	O
A	P	Ó	T	E	K	W	A	J	G	A	E	Y	T	R
H	U	N	G	U	R	A	G	U	A	T	R	I	L	M
S	A	Q	I	R	I	V	E	N	J	A	Ð	M	S	Ó
B	M	V	D	E	V	B	K	Ð	H	V	G	E	L	N
S	Þ	M	O	Þ	B	U	Y	Z	Ú	Ð	A	I	Ö	M
B	A	K	T	E	R	Í	U	R	Ð	Ö	R	Ð	K	B
B	E	I	N	B	R	O	T	Ð	Y	V	B	S	U	V
E	E	L	T	B	I	L	O	V	V	Ð	Ð	L	N	P
M	Ð	A	G	O	J	P	P	A	W	F	I	U	E	N
Y	U	Z	A	X	Ð	J	P	Q	B	D	V	M	X	X
F	Æ	Ð	U	B	Ó	T	A	R	E	F	N	I	P	P

VENJA
HÆÐ
VIRKUR
BAKTERÍUR
HUNGUR
APÓTEK
BEINBROT
MEIÐSLUM
LYF
LÆKNIR
VÖÐVA
TAUGAR
HORMÓN
BEIN
HÚÐ
VIÐBRAGÐ
SLÖKUN
FÆÐUBÓTAREFNI
MEÐFERÐ
VEIRA

7 - Aggettivi #1

K	U	V	G	B	O	B	H	I	L	M	A	N	D	I
Q	Q	I	H	R	R	K	T	O	H	Þ	M	L	J	Z
W	Y	R	X	F	Í	E	G	R	Æ	U	Í	I	B	Z
U	D	K	W	W	U	Ð	N	L	G	N	T	S	S	Z
Þ	R	U	A	G	U	L	A	Z	T	N	Ú	T	W	J
B	U	R	R	U	T	Á	L	R	Ö	U	N	R	U	T
L	G	N	I	N	G	Ð	P	K	S	R	R	Æ	G	D
O	E	T	G	Q	Æ	E	Ð	H	O	T	J	N	M	Ý
P	L	W	Y	T	V	L	T	X	C	M	Ó	N	J	R
W	R	Q	Y	C	L	A	L	G	E	R	I	R	S	M
U	A	N	C	V	I	T	E	H	A	Ð	Q	N	S	Æ
N	Ð	Ð	L	C	K	N	B	U	K	Þ	Q	E	N	T
G	I	Ð	Ð	Z	I	F	R	A	M	A	N	D	I	U
U	E	U	J	D	M	E	F	O	T	S	Ö	M	U	R
R	H	M	R	J	S	T	Ó	R	I	F	A	C	K	Q

ILMANDI
LISTRÆNN
ALGER
VIRKUR
GRÍÐARSTÓR
FRAMANDI
ÖRLÁTUR
UNGUR
STÓR
SÖMU

MIKILVÆGT
HÆGT
LANGT
NÚTÍMA
HEIÐARLEGUR
FULLKOMINN
ÞUNGT
DÝRMÆTUR
ÞUNNUR

8 - Geologia

S	M	C	L	Q	L	P	X	R	P	C	K	Đ	N	K
T	L	A	S	O	Q	O	S	G	R	X	F	A	E	A
A	F	S	Z	M	B	C	S	Q	M	I	O	S	Y	L
L	W	I	T	F	L	Á	J	K	S	Đ	R	A	J	S
A	V	C	R	A	L	L	A	T	S	I	R	K	S	Í
G	A	L	D	H	L	D	K	D	S	S	Q	H	T	U
M	U	M	U	N	T	A	R	Ý	S	V	B	R	E	M
I	N	N	U	F	L	Á	C	Þ	V	Æ	D	A	I	K
T	Y	L	C	I	T	L	L	T	B	Đ	X	U	N	V
E	E	L	D	F	J	A	L	L	I	I	M	N	E	A
S	T	E	O	K	Ó	R	A	L	L	T	U	N	F	R
H	Á	L	E	N	D	I	F	T	L	O	E	I	N	S
I	M	R	R	W	M	X	D	V	E	U	Þ	E	I	U
F	P	N	E	U	Q	I	R	W	H	F	W	T	C	P
A	R	A	Y	X	B	Z	W	R	E	V	H	S	O	G

SÝRA
HÁLENDI
KALSÍUM
HELLI
ÁLFUNNI
KÓRALL
KRISTALLAR
ROF
GOSHVER
HRAUN
STEINEFNI
STEINN
KVARS
SALT
STALAGMITES
STALACTITE
LAG
JARÐSKJÁLFTI
ELDFJALL
SVÆÐI

9 - Campeggio

B	P	B	O	X	X	S	Æ	O	V	O	T	V	R	A
J	Z	W	V	I	J	K	F	V	N	S	C	B	O	N
H	A	T	T	U	R	L	J	S	I	P	I	E	R	E
S	N	C	R	T	J	E	A	F	Þ	N	G	P	K	L
K	Á	K	U	O	O	F	L	T	H	X	T	P	K	D
O	T	W	G	Z	K	A	L	W	N	Ð	T	Ý	F	U
R	T	C	Ó	N	S	H	Á	T	U	N	G	L	R	R
D	Ú	Ð	K	N	P	E	T	Ð	X	T	Z	V	Ý	I
Ý	R	P	S	M	Y	N	T	D	L	A	J	T	D	U
R	A	Ð	I	E	V	G	A	O	N	V	D	D	M	T
R	N	A	M	A	G	I	V	N	Þ	U	K	U	J	G
I	G	C	X	U	C	R	I	Ð	T	Ð	A	A	I	N
S	M	V	C	A	X	Ú	T	T	P	Ö	S	R	N	L
N	O	S	P	C	V	M	A	G	Þ	T	D	C	V	Ó
U	T	R	É	U	Þ	W	N	M	X	S	R	H	A	Þ

TRÉ
HENGIRÚM
DÝR
ÆVINTÝRI
ÁTTAVITA
KLEFA
VEIÐA
KANÓ
HATTUR
REIPI
GAMAN
SKÓGUR
ELDUR
SKORDÝR
STÖÐUVATN
TUNGL
KORT
FJALL
NÁTTÚRAN
TJALD

10 - Arti Visive

C	T	K	J	H	Ö	G	G	M	Y	N	D	D	B	Ð
Z	R	Q	E	V	K	R	S	J	R	G	Ð	D	R	F
Z	Ú	T	Í	R	K	O	L	E	S	T	L	N	I	M
S	T	V	P	U	A	T	E	L	J	A	F	Y	V	P
L	K	Þ	X	G	L	M	N	E	Ó	L	Þ	M	U	C
J	E	R	K	N	B	W	I	A	N	S	E	K	Ð	Ð
Ó	T	W	Á	I	K	T	Þ	K	A	Æ	I	I	O	B
S	I	P	Z	N	H	M	F	X	R	L	O	V	R	J
M	K	E	Þ	T	I	G	Q	S	H	G	Ð	K	U	V
Y	R	N	M	E	Þ	N	H	W	O	V	J	G	T	L
N	A	N	D	S	B	C	G	Y	R	A	J	T	N	B
D	K	I	I	M	G	V	U	U	N	X	D	C	A	J
P	R	U	Ð	A	M	A	T	S	I	L	E	S	Ý	L
L	Q	H	N	S	P	O	R	T	R	E	T	G	L	X
M	E	I	S	T	A	R	A	V	E	R	K	S	B	I

ARKITEKTÚR
LEIR
LISTAMAÐUR
MEISTARAVERK
KOL
GLÆSLA
VAX
KERAMIK
SAMSETNINGU
SKRÁNINGU
KVIKMYND
LJÓSMYND
KRÍT
BLÝANTUR
PENNI
SJÓNARHORNI
PORTRET
HÖGGMYND
LAKK

11 - Tempo

D	E	J	X	A	O	M	Z	N	Ð	G	X	F	H	Q
Z	A	G	E	L	R	Á	U	V	N	T	Ð	R	W	R
S	L	G	P	W	U	G	R	I	N	A	H	A	Ð	N
B	C	S	A	U	Ð	D	A	G	U	R	Á	M	D	J
L	Y	X	M	T	Á	J	D	A	G	G	D	T	X	H
Í	Á	W	Ð	T	A	Ð	K	D	R	G	E	Í	D	Y
G	Y	R	F	Ó	I	L	X	Í	O	G	G	Ð	C	B
Æ	P	B	A	N	A	Á	F	Q	M	K	I	B	Z	Q
R	A	R	I	T	F	E	R	M	Á	N	U	Ð	U	R
G	H	Á	S	U	U	D	Y	C	V	Z	Ö	L	D	C
L	Y	Ð	O	O	N	G	P	Þ	T	Ð	X	G	Y	F
U	X	U	K	I	G	G	U	V	I	K	A	D	I	H
I	Z	M	P	Þ	I	X	K	R	Z	O	I	X	P	M
N	C	K	L	U	K	K	U	S	T	U	N	D	L	S
T	M	Y	Þ	K	L	U	K	K	A	T	Ú	N	Í	M

ÁR
ÁRLEGA
DAGATAL
ÁRATUGUR
EFTIR
FRAMTÍÐ
DAGUR
Í GÆR
MORGUNN
MÁNUÐUR
HÁDEGI
MÍNÚTA
NÓTT
Í DAG
KLUKKUSTUND
KLUKKA
BRÁÐUM
ÁÐUR
ÖLD
VIKA

12 - Astronomia

I	A	A	Q	Þ	I	N	S	S	C	D	Þ	X	M	R
J	Þ	L	D	W	T	I	Y	T	K	J	Y	I	H	E
Ö	O	H	H	N	A	E	Z	D	L	G	N	U	T	I
R	K	E	E	B	B	T	T	U	C	E	G	I	H	K
Ð	K	I	W	L	T	S	G	X	Q	I	D	K	D	I
H	A	M	J	O	D	T	H	O	W	M	A	R	Y	S
H	N	U	Q	U	X	F	J	G	J	F	R	E	J	T
E	I	R	N	R	K	O	L	Q	V	A	A	M	Q	J
A	Q	M	N	Ð	P	L	A	A	J	R	F	U	Y	A
D	D	U	N	D	Ý	R	I	R	U	I	L	N	S	R
J	M	M	I	E	F	B	Þ	Z	J	G	V	R	O	N
Y	T	P	M	N	T	G	A	L	A	X	Y	Ö	M	A
X	G	N	I	W	O	I	K	U	A	N	Ó	J	S	Z
R	F	N	H	O	R	X	D	W	Q	L	R	T	O	W
G	E	I	S	L	U	N	R	K	G	M	N	S	C	P

GEIMFARI
HIMNETI
HIMINN
COSMOS
STJÖRNUMERKI
EQUINOX
GALAXY
ÞYNGDARAFL
TUNGL
LOFTSTEIN
ÞOKKA
REIKISTJARNA
GEISLUN
ELDFLAUG
SJÓNAUKI
JÖRÐ
ALHEIMUR
DÝRIR

13 - Algebra

S	U	E	V	E	L	D	I	S	V	Í	S	I	R	Ð
I	K	L	Y	F	N	Ú	L	L	U	Þ	C	J	D	N
N	Þ	Ý	E	Þ	K	T	S	S	M	M	Þ	L	F	A
Ó	G	Á	R	E	M	Ú	N	Ð	J	K	T	O	R	B
L	E	X	T	I	E	I	N	F	A	L	D	A	Á	J
A	L	N	S	T	N	P	Þ	A	G	D	B	L	D	A
U	U	B	D	L	U	G	Z	R	I	E	R	Ú	R	F
S	N	Y	I	A	V	R	A	G	V	I	E	M	Á	N
N	Í	F	J	X	N	R	Z	R	S	L	Y	R	T	A
D	L	R	W	G	W	L	H	U	M	D	T	O	T	R
K	D	V	Z	M	Y	Y	E	J	M	Y	A	F	U	R
V	A	N	D	A	M	Á	L	G	T	G	N	A	R	N
B	Ð	T	L	P	F	T	B	P	A	K	G	D	J	U
Ð	H	A	H	E	P	A	Þ	T	H	G	Ð	B	G	Y
V	D	O	Ð	K	P	E	P	J	Y	J	Q	Þ	F	W

SKÝRINGARMYND
DEILD
JAFNA
VELDISVÍSIR
RANGT
ÞÁTTUR
FORMÚLA
BROT
GRAF
ÓENDANLEGA
LÍNULEG
FYLKI
NÚMER
SVIGA
VANDAMÁL
EINFALDA
LAUSN
FRÁDRÁTTUR
BREYTA
NÚLL

14 - Mitologia

S	M	E	N	N	I	N	G	A	I	Y	V	V	S	S
Ú	K	L	J	P	I	O	Q	N	W	X	N	Þ	T	R
H	W	R	A	K	X	M	E	P	Y	T	E	K	R	A
R	C	O	Í	Z	X	Q	A	E	P	F	E	L	Í	R
A	E	A	M	M	L	M	I	K	H	Q	L	Þ	Ð	V
D	N	E	P	P	S	E	U	S	Þ	V	D	S	S	S
N	U	P	Ö	K	S	L	P	H	B	W	I	N	M	T
U	Ð	E	N	N	D	O	I	I	Ö	T	N	G	A	Y
L	G	T	G	I	L	A	Þ	Y	F	R	G	S	Ð	R
Ö	E	H	E	F	N	D	U	F	M	I	M	R	U	K
V	H	Ö	L	M	M	X	V	Ð	T	K	F	U	R	U
T	T	F	R	O	H	Ð	I	V	L	A	T	M	N	R
Z	B	U	K	N	Z	T	A	J	T	E	H	U	E	G
Y	Z	N	Þ	J	Ó	Ð	S	A	G	A	G	R	J	E
G	I	D	N	A	R	F	Ö	T	D	A	N	Þ	W	B

ARKETYPE
HEGÐUN
SKEPNA
SKÖPUN
VIÐHORF
MENNING
HÖRMUNG
HETJA
STYRKUR
ELDING
ÖFUND
STRÍÐSMAÐUR
VÖLUNDARHÚS
ÞJÓÐSAGA
TÖFRANDI
DAUÐLEG
SKRÍMSLI
ÞRUMUR
HEFND

15 - Piante

J	H	B	Þ	M	T	Á	B	L	Ó	M	M	L	C	V
S	U	T	K	A	K	B	I	V	Y	J	C	K	R	H
M	O	Ó	S	R	A	U	F	I	I	S	G	R	R	L
B	Ð	R	F	O	A	R	U	Ð	R	A	G	Ó	K	W
B	J	T	R	L	Ð	Ð	Y	Æ	U	X	A	N	M	M
W	A	H	F	F	O	U	D	R	Ð	H	U	U	X	Ð
A	G	U	Þ	B	V	R	K	F	Ó	E	F	B	I	R
K	Q	V	N	U	A	S	Þ	A	R	Q	Ð	L	G	F
M	O	S	S	S	X	X	N	S	G	S	U	A	S	Y
L	B	R	W	H	A	P	F	A	X	K	B	Ð	F	K
K	H	A	M	Z	G	T	R	R	X	Ó	H	J	L	Þ
T	R	É	M	M	M	C	J	G	S	G	M	J	O	G
S	J	E	B	B	Þ	I	U	N	U	U	V	T	A	S
O	C	I	B	E	U	W	Þ	M	G	R	Z	Þ	M	W
X	K	Þ	I	D	N	S	A	R	G	D	G	C	G	F

TRÉ
BER
BAMBUS
GRASAFRÆÐI
KAKTUS
BUSH
VAXA
IVY
GRAS
BAUN
ÁBURÐUR
BLÓM
FLORA
SM
SKÓGUR
GARÐUR
MOSS
KRÓNUBLAÐ
RÓT
GRÓÐUR

16 - Spezie

K	P	W	G	U	B	I	T	U	R	S	W	E	X	T
Z	Ó	S	A	L	T	L	X	K	U	U	Æ	C	B	H
X	O	R	A	P	I	P	R	Q	K	U	Þ	T	T	N
D	A	M	Í	L	R	C	F	H	U	R	X	G	U	A
I	O	K	D	A	K	I	R	P	A	P	S	I	W	R
A	N	Í	S	T	N	R	Þ	N	L	E	N	N	E	F
K	A	R	R	Ý	Y	D	G	J	T	T	E	C	Z	F
V	J	X	V	Z	L	B	E	K	Í	A	M	G	X	A
B	A	E	K	Þ	Đ	A	I	R	V	X	Ú	Z	Đ	S
V	A	N	I	L	L	U	K	U	H	M	K	A	V	W
H	U	D	Đ	Þ	X	T	A	K	S	Ú	M	K	Đ	C
E	N	G	I	F	E	R	Z	U	R	P	H	A	C	V
U	M	M	O	M	E	D	R	A	K	Í	L	N	I	I
V	N	W	J	T	C	B	U	L	H	E	S	I	S	H
T	Ú	R	M	E	R	I	K	J	Y	Y	P	L	T	C

HVÍTLAUKUR
BITUR
ANÍS
KANIL
KARDEMOMMU
LAUKUR
KÓRÍANDER
KÚMEN
TÚRMERIK
KARRÝ
SÆTUR
FENNEL
LAKKRÍS
MÚSKAT
PAPRIKA
PIPAR
SALT
VANILLU
SAFFRAN
ENGIFER

17 - Numeri

Þ	Þ	Þ	N	A	M	N	J	B	A	D	Q	A	G	B
N	R	I	E	V	T	H	V	T	Ó	L	F	U	M	S
Í	Í	A	K	C	E	V	L	Z	Ð	C	F	X	F	B
T	R	N	D	B	O	J	R	I	N	Q	R	F	M	W
J	I	V	N	E	Y	M	Y	B	B	Z	U	A	N	Z
Á	R	K	Ú	X	M	N	K	T	S	E	X	T	Á	N
N	Ó	B	L	H	C	Á	Á	U	Í	N	M	S	T	Á
Ö	J	S	L	R	D	J	O	T	K	N	F	A	M	J
K	F	Á	V	Y	B	T	G	T	T	A	J	K	M	T
A	H	I	T	L	M	Á	Z	U	T	E	Ó	U	I	U
T	M	Q	F	T	A	C	R	G	Í	F	R	A	F	A
N	N	A	Q	I	A	H	R	U	U	A	T	Þ	F	S
Ð	L	Z	Q	N	M	C	T	S	M	Z	Á	S	E	X
V	J	F	E	Y	R	M	E	Z	N	Y	N	V	Z	I
J	M	N	Z	Z	O	R	T	F	Ð	F	V	C	I	Y

FIMM
AUKASTAF
NÍTJÁN
SAUTJÁN
ÁTJÁN
TÍU
TÓLF
TVEIR
NÍU
ÁTTA
FJÓRTÁN
FJÓRIR
FIMMTÁN
SEXTÁN
SEX
SJÖ
ÞRÍR
ÞRETTÁN
TUTTUGU
NÚLL

18 - Cioccolato

D	I	Z	Q	S	C	G	N	Þ	K	H	W	F	H	A
V	D	J	O	F	P	Đ	Æ	A	Đ	B	Z	S	I	N
Ó	N	S	Y	K	U	R	Y	Đ	M	T	X	P	T	D
K	A	R	A	M	E	L	L	A	I	M	Đ	F	A	O
A	M	X	U	F	U	R	A	M	X	R	I	I	E	X
K	A	P	K	T	F	I	R	K	S	P	P	U	I	U
O	R	Z	L	F	Æ	G	H	Z	Đ	P	F	V	N	N
G	F	A	D	U	R	S	N	A	J	Y	P	K	I	A
W	Đ	K	T	D	T	T	E	B	I	T	U	R	N	R
B	R	A	G	Đ	C	S	T	B	N	X	E	E	G	E
I	L	M	U	R	F	M	U	Þ	F	Y	V	V	A	F
N	D	B	S	W	Y	Q	M	N	E	V	Đ	D	R	N
K	Ó	K	O	S	H	N	E	T	A	K	G	N	T	I
L	J	Ú	F	F	E	N	G	U	R	L	O	A	I	O
K	K	U	P	P	Á	H	A	L	D	S	O	H	G	Q

BITUR
ANDOXUNAREFNI
HNETUM
ILMUR
HANDVERK
KAKÓ
HITAEININGAR
NAMMI
KARAMELLA
LJÚFFENGUR
SÆTUR
FRAMANDI
BRAGÐ
EFNI
KÓKOSHNETA
DUFT
UPPÁHALDS
GÆÐI
UPPSKRIFT
SYKUR

19 - Guida

M	L	C	Y	U	M	U	T	N	R	P	S	W	S	B
S	Ó	E	K	O	R	T	I	D	N	A	G	N	A	G
L	E	T	Y	D	R	Ú	K	S	L	Í	B	O	M	G
Y	L	B	O	F	G	R	U	S	M	E	R	B	G	A
S	D	Í	B	R	I	Ð	A	R	H	Þ	G	B	Ö	S
P	S	L	P	E	H	O	L	M	H	O	Ö	G	N	I
R	N	L	W	O	F	J	J	C	D	M	N	O	G	O
T	E	Q	N	H	N	V	Ó	M	S	J	G	I	U	I
K	Y	K	R	U	A	B	Ð	L	E	J	T	G	R	F
R	T	V	B	M	P	Ð	G	V	E	G	U	R	Ö	G
E	I	N	Z	Q	Ó	Y	O	L	Q	F	L	Z	R	W
Y	L	Z	W	O	A	T	T	Æ	H	Þ	I	Q	Y	K
T	V	G	U	U	J	I	O	H	M	E	K	Q	G	P
P	Q	N	J	S	O	O	Ð	R	E	F	M	U	G	X
Y	X	J	Ð	L	Ö	G	R	E	G	L	A	N	I	Z

BÍLL
RÚTU
ELDSNEYTI
BREMSUR
BÍLSKÚR
GAS
SLYS
LEYFI
KORT
MÓTORHJÓL
MÓTOR
GANGANDI
HÆTTA
LÖGREGLAN
ÖRYGGI
VEGUR
UMFERÐ
SAMGÖNGUR
GÖNG
HRAÐI

20 - I Media

S	M	G	A	V	W	T	U	N	Ú	O	I	S	V	I
T	E	O	U	D	L	M	V	T	T	P	Ð	J	I	F
A	N	Q	G	S	A	Y	E	A	G	I	N	Ó	T	G
Ð	N	H	L	I	A	G	Þ	Z	Á	N	A	N	S	F
R	T	U	Ý	N	N	M	B	O	F	B	Ð	V	M	K
E	U	P	S	I	X	B	S	L	A	E	U	A	U	L
Y	N	R	I	D	N	Y	M	K	Ö	R	R	R	N	S
N	X	A	N	E	U	Q	U	H	I	Ð	Ð	P	A	T
D	U	V	G	Á	L	I	T	N	C	P	Þ	S	L	A
I	Þ	T	A	Q	V	O	V	K	I	M	T	S	E	Ð
R	H	Ú	R	Y	E	E	U	N	E	T	G	I	G	B
M	E	S	T	A	F	R	Æ	N	V	D	E	M	U	Æ
F	J	Á	R	M	Ö	G	N	U	N	W	Þ	N	M	R
E	I	N	S	T	A	K	L	I	N	G	U	R	Á	P
U	L	A	U	G	L	Ý	S	I	N	G	M	A	A	P

AUGLÝSING
SAMSKIPTI
STAFRÆN
ÚTGÁFA
MENNTUN
STAÐREYNDIR
FJÁRMÖGNUN
MYNDIR
DAGBLÖÐ
EINSTAKLINGUR
IÐNAÐUR
VITSMUNALEGUM
STAÐBÆR
Á NETINU
ÁLIT
AUGLÝSINGAR
OPINBER
ÚTVARP
NET
SJÓNVARP

21 - Forza e Gravità

Q	N	X	W	F	V	N	U	K	K	Æ	T	S	Þ	B
G	H	U	O	K	J	D	K	Đ	W	Y	W	E	R	E
W	Þ	J	P	E	A	A	I	I	G	F	Þ	G	Ý	Á
K	V	I	K	Q	T	M	R	N	W	P	N	U	S	H
C	X	N	V	M	E	B	C	L	D	Z	Y	L	T	R
U	P	P	G	Ö	T	V	U	N	Æ	F	X	M	I	I
E	X	N	J	S	J	J	J	O	G	G	Q	A	N	F
Z	I	Đ	Æ	R	F	S	I	L	Đ	E	Đ	G	G	N
T	Đ	G	Q	F	Þ	Y	N	G	D	Þ	Y	N	U	Ú
B	Æ	A	N	M	I	Đ	J	A	T	Í	M	I	R	N
N	R	G	O	I	H	R	E	Y	F	I	N	G	Þ	I
R	F	N	W	E	R	A	L	H	L	I	Đ	A	C	N
Q	L	S	P	O	R	B	R	A	U	T	D	C	I	G
D	É	C	Á	S	K	R	I	Đ	Þ	U	N	G	A	X
Q	V	B	Z	C	Q	H	R	A	Đ	I	P	S	E	E

ÁS
NÚNING
MIÐJA
KVIK
FJARLÆGÐ
STÆKKUN
EÐLISFRÆÐI
ÁHRIF
SEGULMAGN
VÉLFRÆÐI
HREYFING
SPORBRAUT
ÞYNGD
ÞRÝSTINGUR
EIGNIR
UPPGÖTVUN
SKRIÐÞUNGA
TÍMI
ALHLIÐA
HRAÐI

22 - Sport

G	E	P	L	X	W	R	J	H	N	S	H	V	M	M
Í	Þ	R	Ó	T	T	I	R	N	J	R	A	E	A	A
A	R	O	I	L	O	Q	U	L	P	Ó	S	G	G	T
L	F	R	T	I	R	R	O	F	D	H	L	F	Þ	A
K	X	U	P	Ð	W	Ð	Z	U	O	M	I	A	S	R
H	T	Ð	I	R	A	F	L	Á	J	Þ	E	O	T	Æ
G	Á	A	K	E	R	Þ	Y	N	Þ	Ð	H	N	Y	Ð
E	V	M	S	O	F	Q	N	Æ	R	I	N	G	R	I
T	Ð	A	A	L	K	Þ	I	D	I	M	Z	N	K	M
U	G	T	N	R	Í	Þ	E	L	V	K	Z	E	U	U
I	Ð	T	F	I	K	K	B	E	V	R	R	T	R	Þ
H	Þ	Ó	E	X	W	A	A	T	R	A	J	H	L	X
M	S	R	D	A	N	S	A	M	X	M	O	L	M	U
M	H	Þ	S	K	O	K	K	J	I	V	Ö	Ð	V	A
W	K	Í	U	R	R	C	N	O	J	L	P	Q	Z	S

ÞJÁLFARI
ÍÞRÓTTAMAÐUR
GETU
HJARTA
HJÓLA
LÍKAMI
DANSA
MATARÆÐI
STYRKUR
SKOKK
HÁMARKA
EFNASKIPTI
VÖÐVA
NÆRING
MARKMIÐ
BEIN
FORRIT
ÞREK
HEILSA
ÍÞRÓTTIR

23 - Caffè

T	O	Q	Þ	Q	C	E	J	F	S	E	Z	N	T	T
A	F	W	I	W	N	Đ	E	S	O	V	U	C	G	T
I	L	M	U	R	U	K	Y	S	Đ	G	A	R	B	X
T	X	C	T	Ú	N	M	M	C	I	N	L	R	L	Đ
K	S	Í	A	S	B	M	C	X	B	C	A	D	T	P
L	O	T	Þ	Þ	I	L	L	O	B	G	M	E	N	T
Ó	D	F	X	N	T	A	V	A	K	R	I	E	N	N
J	M	D	F	R	U	K	K	Y	R	D	L	R	E	M
M	Z	A	V	Í	R	U	P	P	R	U	N	A	R	O
O	W	M	I	D	N	A	T	Ó	J	L	F	B	B	R
V	Q	Ó	Q	H	C	C	D	F	V	B	H	C	V	G
K	E	J	S	Đ	L	Z	P	G	I	B	Z	K	T	U
K	Z	R	F	J	Ö	L	B	R	E	Y	T	N	I	N
H	A	F	Đ	Q	H	C	J	W	X	F	W	A	Y	N
M	F	K	E	U	S	N	Đ	Z	Đ	G	Z	E	Đ	Q

SÚR
VATN
BITUR
ILMUR
BRENNT
DRYKKUR
KOFFÍN
RJÓMA
SÍA
BRAGÐ
MJÓLK
FLJÓTANDI
MALA
MORGUNN
SVART
UPPRUNA
VERÐ
BOLLI
FJÖLBREYTNI
SYKUR

24 - Uccelli

L	G	E	N	P	L	F	J	P	S	Þ	O	I	M	T
P	E	A	C	O	C	K	U	M	E	R	Z	H	A	Þ
H	A	T	R	Y	E	A	O	Y	T	L	R	O	P	O
S	P	A	R	R	O	W	S	N	O	C	I	X	X	U
P	G	F	U	N	P	O	H	H	U	E	E	C	V	B
Á	V	L	K	D	Ú	F	A	Q	C	V	S	J	A	K
F	J	A	U	K	I	R	N	M	A	H	C	U	Z	N
A	S	M	A	H	E	R	O	N	N	E	G	P	S	S
G	V	I	G	Ö	R	U	G	N	I	L	K	Ú	J	K
A	A	N	J	R	K	T	S	T	O	R	K	U	R	B
U	N	G	B	N	G	Ú	P	S	M	O	P	Ö	J	Z
K	U	O	S	Æ	G	R	Ö	M	Ð	Á	I	N	G	N
U	R	B	J	G	M	T	Q	B	E	O	F	D	Þ	S
R	U	K	U	A	H	S	G	Æ	S	G	T	U	B	X
T	H	R	B	U	G	Ð	O	B	Ð	Þ	G	F	R	H

HERON
ÖND
ÖRN
STORKUR
SVANUR
DÚFA
GAUKUR
HAUKUR
FLAMINGO
MÁFUR

GÆS
PÁFAGAUKUR
SPARROW
PEACOCK
PELICAN
MÖRGÆS
KJÚKLINGUR
STRÚTUR
TOUCAN
EGG

25 - Giorni e Mesi

J	Ú	N	Í	O	J	Q	H	M	M	I	H	M	M	B
M	B	W	T	U	E	Ú	V	P	J	Z	R	Á	I	T
X	O	T	N	L	A	W	L	O	T	S	V	N	Đ	M
Þ	R	K	Z	M	L	P	R	Í	M	H	I	U	V	D
Á	R	U	G	A	D	R	A	G	U	A	L	D	I	E
G	A	I	F	Á	G	F	Ú	N	M	N	A	A	K	S
Ú	Ú	S	Đ	R	U	Đ	N	O	Á	Ó	T	G	U	E
S	R	V	E	J	R	G	A	V	N	V	A	U	D	M
T	B	I	C	P	U	B	J	C	U	E	G	R	A	B
Z	E	K	V	Þ	T	D	Đ	C	Đ	M	A	E	G	E
I	F	A	K	Y	Y	E	A	C	U	B	D	B	U	R
B	A	P	R	Í	L	Y	M	G	R	E	K	Ó	R	S
E	F	T	L	Y	F	K	N	B	U	R	Đ	T	G	Z
C	V	K	Þ	U	D	N	Y	J	E	R	N	K	Z	U
S	U	N	N	U	D	A	G	U	R	R	J	O	X	E

ÁGÚST
ÁR
APRÍL
DAGATAL
DESEMBER
SUNNUDAGUR
FEBRÚAR
JANÚAR
JÚNÍ
JÚLÍ
MÁNUDAGUR
ÞRIÐJUDAGUR
MIÐVIKUDAGUR
MÁNUÐUR
NÓVEMBER
OKTÓBER
LAUGARDAGUR
SEPTEMBER
VIKA

26 - Casa

U	Z	L	Q	L	P	T	Ð	Æ	H	G	L	H	S	R
S	N	N	A	R	B	Þ	R	V	E	I	J	Á	P	L
R	F	H	Z	M	M	N	U	E	R	R	K	A	E	B
E	A	E	O	R	P	G	H	G	B	Ð	Ð	L	G	H
N	S	O	Y	M	N	I	I	G	E	I	Z	O	I	S
I	A	E	L	D	H	Ú	S	J	R	N	T	F	L	X
Ð	K	A	Þ	A	L	O	F	T	G	G	O	T	L	C
U	Ó	Ð	Ð	L	K	W	O	B	I	Z	V	I	I	G
A	B	M	W	X	C	M	J	Í	Ð	G	V	N	Þ	L
K	R	A	T	T	O	M	F	L	Ó	G	G	U	Y	T
L	U	I	M	Þ	T	E	X	S	U	T	R	U	T	S
S	L	D	N	T	O	A	Þ	K	A	J	Z	U	L	E
K	S	Y	L	N	T	E	O	Ú	U	Z	Ð	R	M	G
G	A	R	Ð	U	R	L	P	R	U	T	S	Ú	K	R
V	S	Y	R	O	P	T	I	C	S	F	R	R	S	Z

HÁALOFTINU
BÓKASAFN
HERBERGI
ARINN
ELDHÚS
STURTU
GLUGGI
BÍLSKÚR
GARÐUR
LAMPI
VEGG
HÆÐ
HURÐ
GIRÐING
BRANN
KÚSTUR
LOFT
SPEGILL
GÓLFMOTTA
ÞAK

27 - Fantascienza

D	U	L	A	R	F	U	L	L	U	R	B	R	K	E
V	É	F	R	É	T	T	K	O	V	E	L	E	V	L
G	A	L	A	X	Y	U	T	K	I	Đ	E	I	I	D
L	O	T	U	K	E	R	F	I	N	U	K	K	K	U
Q	L	F	W	G	M	I	Æ	N	H	S	K	I	M	R
E	M	E	R	T	X	E	H	N	E	P	I	S	Y	D
I	S	B	J	Á	M	X	N	E	I	R	N	T	N	Y
T	Æ	K	N	I	B	O	U	M	M	E	G	J	D	S
Z	B	Đ	J	Z	J	Æ	A	L	U	N	X	A	A	T
Ú	T	Ó	P	Í	A	Þ	R	É	R	G	G	R	H	Ó
Z	Y	R	B	Q	W	G	A	V	M	I	H	N	Ú	P
A	T	B	U	R	Đ	A	R	Á	S	N	P	A	S	Í
N	W	R	O	K	Þ	K	U	K	S	G	L	K	U	A
K	B	B	N	I	Æ	Í	M	Y	N	D	A	Đ	B	R
F	C	T	G	E	L	B	E	B	D	R	S	T	H	O

LOTUKERFINU
KVIKMYNDAHÚS
DYSTÓPÍA
SPRENGING
EXTREME
FRÁBÆR
ELDUR
GALAXY
BLEKKING
ÍMYNDAÐ
BÆKUR
DULARFULLUR
HEIMUR
VÉFRÉTT
REIKISTJARNA
RAUNHÆFT
VÉLMENNI
ATBURÐARÁS
TÆKNI
ÚTÓPÍA

28 - Città

G	Z	L	O	V	O	N	V	Ö	L	L	I	N	N	V
A	E	Y	G	K	E	T	Ó	P	A	F	D	S	A	U
L	H	Þ	H	H	S	R	R	E	F	X	I	B	O	Y
L	I	M	J	I	N	K	S	Ú	H	K	I	E	L	Z
E	F	B	J	S	R	U	L	L	Ö	V	G	U	L	F
R	M	G	X	A	V	E	J	H	U	A	Q	Q	K	J
Í	B	A	Q	G	V	I	S	E	F	N	B	V	E	H
B	Ó	H	T	S	N	Y	R	T	I	S	T	O	F	A
L	K	Ó	Đ	V	J	I	L	Ó	K	S	Á	H	E	U
Ó	A	T	A	E	Ö	A	W	U	N	S	Q	C	F	B
M	B	E	E	E	Í	R	A	K	A	B	U	U	S	C
A	Ú	L	P	Q	N	N	U	E	B	S	K	Ó	L	I
B	Đ	S	N	R	F	L	E	B	K	S	S	T	H	V
Ú	M	A	R	K	A	Đ	U	R	Ú	B	Z	Y	K	W
Đ	B	Ó	K	A	S	A	F	N	U	Đ	Z	L	Þ	Z

FLUGVÖLLUR
BANKI
BÓKASAFN
APÓTEK
BLÓMABÚÐ
GALLERÍ
HÓTEL
BÓKABÚÐ
MARKAÐUR
SAFN
VERSLUN
BAKARÍ
SNYRTISTOFA
SKÓLI
VÖLLINN
MATVÖRUBÚÐ
LEIKHÚS
HÁSKÓLI

29 - Fattoria #1

T	V	G	J	L	O	L	E	D	S	P	G	F	H	K
K	A	Þ	K	U	A	W	B	Y	V	J	O	L	U	J
U	Ð	R	G	K	W	N	H	T	Í	B	K	O	N	Ú
Á	B	U	R	Ð	U	R	D	B	N	Ð	V	K	A	K
G	D	F	U	A	H	U	H	B	Z	L	E	K	N	L
I	N	L	D	K	D	T	P	L	Ú	K	Ð	U	G	I
R	O	Á	N	Z	Ð	T	S	G	P	N	Ý	R	C	N
Ð	X	K	U	F	F	Ö	S	W	Y	S	A	R	D	G
I	Ð	M	H	E	T	K	P	G	E	I	T	Ð	D	U
N	N	L	F	V	A	Þ	F	H	H	H	H	K	U	R
G	M	S	W	B	V	A	T	N	A	A	W	K	Þ	R
Y	R	M	A	T	O	U	W	S	S	Æ	R	I	B	O
J	E	N	G	I	H	E	S	T	U	R	V	R	Þ	N
H	R	Í	S	G	R	J	Ó	N	W	F	Z	Þ	Q	Ð
D	H	G	A	G	T	T	K	E	Ð	Y	U	Y	I	E

VATN
LANDBÚNAÐUR
BÍ
ASNI
ENGI
HUNDUR
GEIT
HESTUR
ÁBURÐUR
HEY
KÖTTUR
FLOKKUR
SVÍN
HUNANG
KÝR
KJÚKLINGUR
GIRÐING
HRÍSGRJÓN
FRÆ
KÁLFUR

30 - Psicologia

G	I	Y	P	K	Y	A	B	T	L	I	J	M	Z	W
S	K	Y	N	J	U	N	A	G	Á	N	P	T	Q	G
Y	I	Á	E	G	Ó	E	R	A	M	U	A	R	D	H
K	E	D	H	Y	J	I	N	Z	A	M	W	I	D	E
H	L	P	H	R	D	F	Æ	T	D	S	H	A	N	G
O	U	A	G	B	I	C	S	Ð	N	T	G	R	N	Ð
M	N	G	V	M	G	F	K	X	A	I	Þ	M	Á	U
Þ	Ó	N	S	J	L	Ð	A	E	V	V	G	A	T	N
Þ	S	T	G	A	M	E	Ð	F	E	R	Ð	T	Ö	K
C	R	S	O	Q	N	G	E	R	F	I	S	Æ	K	L
E	E	B	K	H	R	I	D	N	Y	M	G	U	H	Í
I	P	K	J	V	Y	J	R	N	I	N	Q	Y	Q	N
T	I	L	F	I	N	N	I	N	G	A	R	F	C	Í
M	I	N	N	I	N	G	A	R	C	P	P	L	W	S
Q	I	R	E	Y	N	S	L	U	X	Ð	Y	M	J	K

KLÍNÍSK
VITSMUNI
HEGÐUN
ÁTÖK
EGÓ
TILFINNINGAR
REYNSLU
HUGMYNDIR
BARNÆSKA
ÁHRIF
HUGSANIR
SKYNJUN
PERSÓNULEIKI
VANDAMÁL
MINNINGAR
ÆSIFREGN
DRAUMAR
MEÐFERÐ
MAT

31 - Paesaggi

D	E	Z	H	P	N	G	H	N	J	D	X	D	Y	Þ
E	A	R	A	J	F	O	F	J	A	L	L	S	J	Ó
K	Y	L	R	C	F	S	T	Þ	R	L	Q	B	T	E
A	Y	Đ	U	Y	O	H	P	U	D	U	H	X	B	E
R	E	V	I	R	S	V	P	J	N	K	E	D	Y	A
Y	I	V	G	M	S	E	L	Z	U	Ö	L	N	P	E
S	N	Y	A	X	Ö	R	K	C	T	J	L	X	C	F
H	T	B	K	G	G	R	E	B	S	Í	I	H	V	F
X	K	Ö	S	S	B	E	K	M	S	R	H	K	J	K
K	O	S	Đ	Æ	H	O	T	Ý	J	Q	A	Y	S	Z
N	Z	Þ	G	U	Þ	Z	C	R	F	A	F	D	Q	N
A	Q	J	C	E	V	V	J	I	X	J	Đ	V	M	P
V	I	M	R	Y	S	A	E	L	D	F	J	A	L	L
T	C	W	W	J	V	L	T	X	M	Q	V	E	Y	H
X	B	J	W	A	L	G	G	N	I	V	A	T	P	Þ

FOSS
HÆÐ
EYÐIMÖRK
RIVER
GOSHVER
JÖKULL
HELLI
ÍSBERG
EYJA
STÖÐUVATN
SJÓ
FJALL
VIN
HAF
MÝRI
SKAGI
FJARA
TUNDRA
DALUR
ELDFJALL

32 - Energia

E	U	O	N	A	N	T	J	G	Þ	Y	W	Ð	F	E
N	X	E	J	Y	Þ	S	A	X	G	Z	J	M	W	L
D	R	L	D	O	V	T	P	Z	Þ	P	U	W	Q	D
U	O	G	J	I	É	Ð	D	V	E	T	N	I	V	S
R	Y	U	H	Ó	L	P	Q	T	Þ	I	U	F	E	N
N	G	U	F	U	S	T	A	R	I	Ð	G	R	I	E
Ý	Q	K	B	R	R	E	Ð	U	X	N	N	E	R	Y
J	T	R	E	A	Q	Q	I	D	T	A	E	V	A	T
A	Ú	O	N	F	K	O	E	N	Þ	Ð	M	H	F	I
N	R	N	S	E	L	Q	R	I	D	U	Z	M	H	D
L	B	R	Í	I	H	L	Ó	V	W	R	J	U	L	Í
E	Í	A	N	N	M	I	N	F	E	L	O	K	A	S
G	N	J	A	D	B	N	T	H	V	H	L	H	Ð	E
U	A	K	Z	Ð	S	N	G	A	M	F	A	R	A	L
N	J	R	C	S	W	P	O	G	K	V	Q	M	W	D

UMHVERFI
RAFHLAÐA
BENSÍN
HITA
KOLEFNI
ELDSNEYTI
DÍSEL
RAFMAGNS
RAFEIND
ÓREIÐA
LJÓSEIND
VETNI
IÐNAÐUR
MENGUN
VÉL
KJARNORKU
ENDURNÝJANLEG
TÚRBÍNA
GUFU
VINDUR

33 - Ristorante #2

F	C	Ð	K	Þ	Þ	G	R	Æ	N	M	E	T	I	A
O	N	C	Y	C	J	E	P	A	N	Þ	G	C	O	Q
R	D	C	V	F	Ó	H	Y	Q	Q	F	T	H	I	F
R	E	R	U	G	N	E	F	F	Ú	J	L	S	V	Q
É	S	S	M	O	N	X	Z	Ð	A	E	K	Z	S	B
T	G	Ú	Ð	Ð	U	U	Q	I	T	W	K	R	J	C
T	R	A	P	G	O	G	G	E	H	L	F	N	X	F
U	U	K	F	A	E	X	N	K	V	K	R	Y	D	D
R	T	O	A	F	R	T	S	S	A	Z	R	D	G	F
G	X	D	R	K	A	A	N	T	T	U	M	Y	B	K
S	Ö	H	E	Q	A	L	P	Ó	N	U	O	Z	D	S
F	V	S	A	L	T	A	N	L	Ð	A	K	Q	K	S
H	Á	D	E	G	I	S	V	E	R	Ð	U	R	G	K
K	V	Ö	L	D	M	A	T	U	R	U	K	S	I	F
W	K	S	G	D	R	Y	K	K	U	R	Í	S	H	P

VATN
FORRÉTTUR
DRYKKUR
ÞJÓNN
KVÖLDMATUR
SKEIÐ
LJÚFFENGUR
GAFFAL
ÁVÖXTUR
ÍS

SALAT
SÚPA
FISKUR
HÁDEGISVERÐUR
SALT
STÓL
KRYDD
KAKA
EGG
GRÆNMETI

34 - Moda

H	O	R	I	G	I	N	L	E	G	T	C	N	Þ	B
M	A	X	C	B	L	Ú	R	Ý	D	C	Þ	Ú	S	O
Æ	Đ	G	Đ	B	W	T	Á	U	B	X	F	T	T	U
L	J	I	N	F	E	S	F	H	T	W	A	Í	E	T
I	Y	T	X	Ý	U	A	E	G	I	S	T	M	F	I
N	D	I	W	K	T	U	R	L	G	Y	N	A	N	Q
G	X	H	Q	Z	L	M	Đ	Æ	O	K	A	Y	A	U
A	N	Þ	Q	J	A	U	V	S	Y	O	Đ	Þ	M	E
R	R	E	Đ	N	F	R	J	I	H	R	E	I	M	A
S	J	Þ	Y	Z	N	U	J	L	A	Ó	J	O	Đ	O
S	T	Í	L	W	I	T	G	E	L	I	G	Æ	Þ	F
W	A	C	C	M	E	S	O	G	N	U	P	V	S	L
H	N	A	P	P	A	G	P	U	Y	U	I	Q	Æ	W
R	O	O	Q	I	E	Æ	K	R	O	W	Þ	S	C	R
E	D	K	A	M	U	L	L	X	T	Z	D	Z	Y	O

FATNAÐ
BOUTIQUE
DÝR
ÞÆGILEGT
GLÆSILEGUR
LÆGSTUR
MÆLINGAR
MYNSTUR
NÚTÍMA
HÓGVÆR
ORIGINLEGT
REIMA
HAGNÝT
HNAPPA
ÚTSAUMUR
EINFALT
STÍL
STEFNA
EFNI
ÁFERÐ

35 - L'Azienda

G	F	T	H	A	Þ	H	L	R	H	R	R	I	A	O
G	Æ	Đ	I	U	T	O	A	R	O	P	S	Đ	R	O
Þ	Á	Q	D	Đ	G	Þ	U	G	N	I	N	N	Y	K
R	H	B	N	L	E	T	N	Q	R	R	X	A	V	Á
Ó	Æ	U	A	I	L	S	E	K	A	I	J	Đ	F	K
U	T	Y	P	N	Đ	A	H	K	L	V	V	U	J	V
N	T	C	A	D	Ó	C	T	Y	J	R	I	R	Á	Ö
I	A	P	K	I	J	Y	I	V	I	U	Y	A	R	R
H	N	F	S	R	Þ	J	S	K	I	Y	R	J	F	Đ
W	M	Ö	G	U	L	E	I	K	A	N	I	Ý	E	U
F	R	A	M	F	A	R	I	R	I	I	N	N	S	N
X	Q	N	R	R	F	T	L	V	Y	R	Đ	A	T	W
F	A	G	L	E	G	U	R	V	Ö	R	U	W	I	A
F	P	E	I	N	I	N	G	A	R	C	H	S	N	B
Z	I	R	W	F	O	Þ	D	O	Y	W	Z	X	G	V

SKAPANDI
ÁKVÖRÐUN
ALÞJÓÐLEGT
IÐNAÐUR
NÝJAR
FJÁRFESTING
ATVINNA
MÖGULEIKA
KYNNING
VÖRU
FAGLEGUR
FRAMFARIR
GÆÐI
TEKJUR
ORÐSPOR
ÁHÆTTA
AUÐLINDIR
LAUN
ÞRÓUN
EININGAR

36 - Giardino

Z	V	D	H	M	S	Þ	R	K	V	B	Q	F	I	Z
U	Í	P	E	G	Z	T	X	X	B	D	I	Q	K	G
F	N	N	N	Í	L	Ó	P	M	A	R	T	Q	Q	I
K	V	N	G	L	I	E	T	Ó	R	B	T	H	M	R
M	I	S	I	S	E	R	G	L	L	I	U	T	X	Ð
O	Ð	U	R	U	K	K	E	B	É	E	Y	S	X	I
K	U	J	Ú	G	A	R	Ð	U	R	B	A	J	H	N
A	R	E	M	M	G	I	T	Q	T	T	G	A	H	G
G	M	S	V	E	R	Ö	N	D	E	Ö	R	R	R	Q
T	R	U	Ð	R	A	G	N	I	D	L	A	Ð	Í	R
F	Þ	A	K	Z	F	H	R	U	M	F	Y	V	F	X
R	Ú	K	S	L	Í	B	Ö	M	F	S	Q	E	A	O
P	A	A	D	M	U	Y	J	B	U	A	S	G	X	D
F	P	P	I	Ð	G	V	T	B	Z	R	U	U	D	X
S	L	Ö	N	G	U	N	A	Y	E	G	F	R	Z	B

TRÉ
HENGIRÚM
BUSH
GRAS
ILLGRESI
BLÓM
ALDINGARÐUR
BÍLSKÚR
GARÐUR
MOKA
BEKKUR
GRASFLÖT
HRÍFA
GIRÐING
TJÖRN
JARÐVEGUR
VERÖND
TRAMPÓLÍN
SLÖNGUNA
VÍNVIÐUR

37 - Riscaldamento Globale

Þ	H	I	T	A	S	T	I	G	Þ	I	U	W	U	Q
R	U	Ð	A	M	A	D	N	I	S	Í	V	P	S	R
Ó	V	A	Ð	V	K	M	Ð	Í	T	M	A	R	F	U
U	E	K	T	X	R	P	Þ	H	I	L	Þ	N	M	Ð
N	Ð	Y	K	H	O	F	H	L	F	Y	Í	B	Ú	A
R	U	N	R	E	Y	V	G	M	Ö	X	J	B	F	N
Ó	R	S	E	D	I	G	F	W	W	G	D	A	I	Ð
J	F	L	P	V	R	E	L	N	J	E	G	B	R	I
T	A	Ó	P	B	J	W	G	I	V	L	D	J	N	G
S	R	Ð	A	O	G	Ö	G	N	R	Ð	D	Ð	Ö	W
S	I	I	L	G	C	Ð	L	M	Q	Ó	O	I	O	F
I	S	R	U	A	J	P	M	Y	R	J	S	M	Y	W
K	R	U	K	S	Í	T	K	R	A	Þ	B	N	C	P
Í	B	Ú	S	V	Æ	Ð	I	B	J	L	A	S	X	X
R	U	M	H	V	E	R	F	I	S	A	S	N	E	Z

UMHVERFIS
ARKTÍSKUR
ATHYGLI
VEÐURFAR
KREPPA
GÖGN
ORKA
FRAMTÍÐ
GAS
KYNSLÓÐIR
RÍKISSTJÓRN
BÚSVÆÐI
IÐNAÐUR
ALÞJÓÐLEG
LÖGGJÖF
NÚNA
ÍBÚA
VÍSINDAMAÐUR
ÞRÓUN
HITASTIG

38 - Frutta

R	S	O	E	N	A	R	E	B	U	S	R	I	K	B
A	D	Í	V	Í	K	S	G	R	P	E	R	A	U	A
R	P	X	T	Ó	D	A	K	Ó	V	A	E	D	M	N
M	Y	G	Q	R	M	N	H	M	J	A	B	L	U	A
J	G	T	V	G	Ó	A	U	B	Þ	F	N	H	J	N
P	A	P	A	Y	A	N	R	E	M	Q	Í	J	R	I
F	E	R	S	K	J	A	U	R	E	E	V	H	E	P
A	P	P	E	L	S	Í	N	A	P	N	L	G	B	Z
S	P	Q	Y	X	X	X	N	A	L	I	Z	Ó	D	Y
Ó	E	Þ	P	R	S	Ð	T	J	I	R	G	Y	N	O
K	W	Ð	Þ	L	X	X	Z	P	U	A	M	Q	I	A
Í	J	Z	C	Z	Ó	Q	P	S	F	T	A	D	H	P
R	M	M	Q	I	B	M	Z	A	V	C	N	Y	Q	O
P	P	Z	X	R	E	B	A	I	H	E	G	N	B	V
A	C	N	G	M	R	Þ	U	D	B	N	Ó	N	O	B

APRÍKÓSA
ANANAS
APPELSÍNA
AVÓKADÓ
BER
BANANI
KIRSUBER
KÍVÍ
HINDBERJUM
SÍTRÓNU
MANGÓ
EPLI
MELÓNA
BRÓMBER
NECTARINE
PAPAYA
PERA
FERSKJA
PLÓMA
VÍNBER

39 - Fattoria #2

G	C	Đ	T	L	Þ	B	Y	L	O	L	X	V	V	F
T	G	X	Đ	O	V	Ó	E	U	A	N	G	R	Z	F
F	S	X	R	G	R	N	R	O	K	M	F	B	G	B
Á	V	E	I	T	U	D	N	I	K	Z	A	E	P	G
B	M	B	G	H	T	I	Z	D	P	G	Z	D	N	Ö
Ý	J	K	N	I	X	N	T	I	D	M	V	N	Ý	N
F	Ó	N	E	R	Ö	S	H	I	B	Y	G	G	E	R
L	L	T	J	Đ	V	X	I	K	E	Z	D	A	M	Ý
U	K	G	J	I	Á	K	H	Y	L	V	Y	M	Đ	D
G	Đ	M	Æ	R	T	D	U	Đ	Ö	L	H	A	V	R
N	X	L	Y	S	V	D	I	M	S	Y	I	T	M	F
A	N	D	P	P	I	X	S	Đ	J	U	C	U	I	U
B	M	A	L	X	C	R	D	Q	Q	O	A	R	W	A
Ú	A	L	D	I	N	G	A	R	Đ	U	R	R	M	E
S	R	D	R	Á	T	T	A	R	V	É	L	L	M	W

LAMB
BÓNDI
BÝFLUGNABÚ
ÖND
DÝR
MATUR
HLÖÐU
ÁVÖXTUR
ALDINGARÐUR
HVEITI
ÁVEITU
LAMADÝR
MJÓLK
KORN
GÆSIR
BYGG
HIRÐIR
KIND
ENGI
DRÁTTARVÉL

40 - Verdure

D	B	U	U	R	J	S	A	J	Ð	Æ	R	X	M	S
K	W	E	K	M	E	K	J	R	Ð	H	G	N	B	E
G	U	L	R	Ó	T	A	L	Q	T	V	S	R	M	L
Z	S	Y	Ú	G	N	L	E	E	A	I	Z	R	N	L
E	U	R	G	R	W	O	S	S	M	X	H	M	Q	E
G	S	F	E	A	R	T	N	P	Ó	Ð	Z	O	F	R
G	V	R	V	S	V	T	I	E	T	D	N	H	K	Í
A	E	J	H	K	O	L	E	R	E	F	I	G	N	E
L	P	H	S	E	P	A	T	G	O	I	O	N	S	R
D	P	N	S	R	M	U	S	I	S	P	Í	N	A	T
I	I	P	Æ	V	O	K	U	L	F	Ö	T	R	A	K
N	R	P	E	P	Ð	U	M	K	S	A	L	A	T	H
I	F	L	D	A	A	R	X	Á	L	A	U	K	U	R
Þ	S	D	A	Z	S	N	Z	L	W	Þ	P	E	J	U
Ð	H	V	Í	T	L	A	U	K	U	R	I	E	R	S

HVÍTLAUKUR
SPERGILKÁL
ARTIHOKE
GULRÓT
GÚRKU
LAUKUR
SVEPPIR
SALAT
EGGALDIN
KARTÖFLU
PEA
TÓMAT
STEINSELJA
NÆPA
RÆÐJA
SKALOTTLAUKUR
SELLERÍ
SPÍNAT
ENGIFER
GRASKER

41 - Barbecue

V	M	R	S	B	X	X	P	G	X	V	T	G	P	H
J	Y	U	U	M	Þ	O	I	A	R	L	A	U	K	U
J	Q	T	M	Đ	T	Þ	P	P	L	I	Đ	J	O	N
N	A	A	A	Q	R	N	A	Á	G	V	L	Z	D	G
N	W	M	R	O	I	E	R	O	V	P	I	L	F	U
O	F	I	K	R	K	Q	V	C	G	Ö	O	S	X	R
S	A	L	Ö	T	I	B	R	S	I	Q	X	B	O	Đ
L	R	L	V	L	E	P	L	R	I	V	V	T	P	Đ
N	J	O	Z	A	L	L	L	X	R	G	L	W	U	V
F	J	Ö	L	S	K	Y	L	D	A	S	E	D	N	R
N	C	Đ	Þ	R	F	P	J	C	T	Ó	M	D	J	H
P	Đ	P	M	K	H	N	Í	F	A	S	Þ	F	Á	I
T	Ó	N	L	I	S	T	D	X	M	A	B	F	B	H
X	Z	A	Q	G	R	Q	I	W	Ó	E	K	H	B	Z
E	A	D	M	O	V	M	Đ	J	T	T	I	E	H	X

HEITT
MATUR
LAUK
HNÍFA
SUMAR
HUNGUR
FJÖLSKYLDA
ÁVÖXTUR
LEIKIR

GRILL
SALÖT
BOÐ
TÓNLIST
PIPAR
TÓMATAR
HÁDEGISVERÐUR
SALT
SÓSA

42 - Insetti

L	C	Y	J	Y	S	F	Ó	M	K	J	I	X	Q	Þ
D	R	A	G	O	N	F	L	Y	A	J	B	I	F	S
K	U	J	H	A	I	Þ	F	T	G	N	B	D	W	M
A	T	Y	F	V	X	A	N	I	U	I	T	L	U	B
K	T	E	N	R	O	H	Z	B	L	R	V	I	Ð	A
K	E	O	B	I	Í	B	I	Þ	F	W	V	R	S	D
A	R	O	B	L	Y	P	M	Ö	L	Q	Z	Ð	D	I
L	P	R	N	T	Ð	R	U	G	N	U	T	I	E	G
A	S	M	E	K	F	U	C	R	V	F	E	F	W	N
K	I	U	Z	T	N	A	B	B	S	F	F	T	W	U
K	G	R	Ð	P	D	M	X	J	Q	W	O	J	H	T
I	N	T	E	R	M	I	T	E	A	D	A	C	I	C
Y	E	V	S	G	P	H	Z	E	H	L	Ð	K	H	R
P	L	Ö	N	T	U	L	Ú	S	G	W	L	X	Ð	V
K	J	A	Ð	K	G	W	A	L	Ú	K	S	A	R	G

PLÖNTULÚS
BÍ
HORNET
GRASKÚLA
CICADA
FRÍPUR
BJALLA
MÖL
FIÐRILDI
MAUR
LIRVA
DRAGONFLY
ENGISPRETTUR
MANTIS
FLÓ
KAKKALAKKI
TERMITE
ORMUR
GEITUNGUR
FLUGA

43 - Fisica

Þ	K	J	A	R	N	O	R	K	U	N	T	S	A	G
H	Y	D	N	I	E	F	A	R	J	X	Í	E	M	S
D	C	N	U	Ð	Ö	R	H	V	B	Z	Ð	G	A	T
D	N	I	G	S	G	G	Z	E	É	Y	N	U	M	Æ
Z	Ö	E	R	D	E	U	F	Þ	M	L	I	L	A	K
I	G	M	U	K	A	Ð	I	L	H	L	A	M	T	K
I	N	A	L	Ú	M	R	O	F	Y	I	Ð	A	Ó	U
A	F	S	T	Æ	Ð	I	A	W	Q	K	O	G	M	N
Ð	S	Q	T	P	X	Ð	D	F	G	I	R	N	L	Y
A	Y	X	I	Q	X	Æ	P	H	L	E	G	Ð	S	W
R	S	S	O	B	G	R	K	V	M	L	F	J	F	Q
H	P	S	Ð	V	F	F	M	Ð	L	T	N	N	O	D
S	Þ	O	Y	O	G	L	M	J	G	T	B	K	I	V
H	Z	R	D	K	Þ	É	D	T	Ð	É	W	F	K	Y
F	X	V	V	Ð	B	V	E	N	V	Þ	V	R	W	Z

HRÖÐUN
ATÓM
ROÐA
EFNI
ÞÉTTLEIKI
RAFEIND
STÆKKUN
FORMÚLA
TÍÐNI
GAS
ÞYNGDARAFL
SEGULMAGN
VÉLFRÆÐI
SAMEIND
VÉL
KJARNORKU
ÖGN
AFSTÆÐI
ALHLIÐA
HRAÐA

44 - Agronomia

O	R	K	A	U	R	A	L	Q	U	I	M	V	V	F
X	S	W	T	J	U	G	M	Í	I	O	E	A	Ö	R
B	W	J	Q	R	Đ	T	O	U	F	O	R	B	X	A
E	K	V	D	I	A	Þ	O	M	R	R	S	P	T	M
O	K	C	F	N	N	N	U	A	E	Þ	Æ	W	U	L
A	M	Ó	D	K	Ú	J	S	N	K	N	G	N	R	E
N	Á	M	U	Ó	B	T	X	V	B	H	G	R	T	I
T	C	V	M	S	D	M	L	T	E	A	R	U	B	Đ
A	D	S	H	N	N	Đ	X	Þ	Đ	I	U	Đ	N	S
V	Z	M	V	N	A	Þ	N	F	Þ	D	T	R	G	L
B	J	W	E	A	L	F	K	R	K	N	A	U	U	A
S	Z	I	R	R	Đ	D	Q	Æ	G	I	M	B	P	K
D	M	Đ	F	Đ	H	V	P	H	H	S	A	Á	Q	I
B	G	H	I	M	S	A	V	T	W	Í	E	J	M	G
V	I	S	T	F	R	Æ	Đ	I	O	V	O	H	J	O

VATN
LANDBÚNAÐUR
UMHVERFI
MATUR
VÖXTUR
VISTFRÆÐI
ORKA
ROF
ÁBURÐUR
MENGUN
SJÚKDÓMA
LÍFRÆNT
FRAMLEIÐSLA
RANNSÓKNIR
SVEIT
VÍSINDI
FRÆ
KERFI
NÁM

45 - Erboristeria

B	H	E	T	B	D	O	V	G	P	M	S	D	P	G
G	B	V	S	U	N	A	R	F	F	A	S	P	B	A
Đ	I	V	Í	E	J	I	R	U	Đ	R	A	G	L	E
G	Æ	Đ	I	T	N	Æ	R	G	M	J	U	Z	Ó	K
Y	I	D	T	Q	L	I	S	A	B	O	Z	W	M	R
D	D	Y	I	D	N	A	M	L	I	R	U	B	Ó	E
O	R	E	G	A	N	O	U	A	G	A	L	E	L	F
C	V	O	Q	U	K	D	O	K	E	M	S	W	B	N
O	B	V	Z	T	P	K	D	H	U	G	Đ	Y	R	I
S	T	E	I	N	S	E	L	J	A	R	I	C	A	T
H	Đ	E	U	Y	B	L	F	E	N	N	E	L	N	I
G	Đ	C	P	M	Đ	Þ	B	C	T	E	R	G	F	M
D	I	L	L	Þ	C	P	B	Þ	L	M	T	N	O	J
W	E	S	T	R	A	G	O	N	Z	M	A	A	L	A
R	Ó	S	M	A	R	Í	N	Z	T	J	M	P	F	N

HVÍTLAUKUR
DILL
ILMANDI
BASIL
MATREIÐSLU
ESTRAGON
FENNEL
BLÓM
GARÐUR
EFNI
LOFNARBLÓM
MARJORAM
MYNTU
OREGANO
STEINSELJA
GÆÐI
RÓSMARÍN
TIMJAN
GRÆNT
SAFFRAN

46 - Biologia

S	T	Ö	K	K	B	R	E	Y	T	I	N	G	L	H
S	Y	N	A	P	S	E	T	J	W	I	P	I	J	E
T	T	A	U	G	A	F	R	U	M	A	F	Ð	Ó	V
G	U	A	T	O	P	V	Þ	T	Y	O	W	Æ	S	E
E	M	I	S	P	L	E	R	O	N	Y	T	R	T	B
L	N	R	Ý	D	Ð	I	R	K	S	Q	L	F	I	A
U	E	S	Q	F	E	Ð	T	F	R	U	M	A	L	K
R	G	H	Í	Þ	O	Æ	B	N	I	M	K	R	L	T
Ú	A	X	O	M	D	R	P	Í	I	G	B	Æ	Í	E
T	L	H	J	R	Ð	F	O	T	Þ	N	M	F	F	R
T	L	D	C	Y	M	L	Þ	Ó	P	X	G	F	U	Í
Á	O	N	K	C	K	Ó	N	R	Þ	L	C	Í	N	U
N	K	I	F	V	H	X	N	P	Þ	Y	J	L	G	R
O	S	M	Ó	S	U	S	A	M	B	Ý	L	I	U	O
S	P	E	N	D	Ý	R	K	Y	Þ	R	Ó	U	N	P

LÍFFÆRAFRÆÐI
BAKTERÍUR
FRUMA
KOLLAGEN
LITNING
FRÆÐI
ENSÍM
ÞRÓUN
LJÓSTILLÍFUN
SPENDÝR
STÖKKBREYTING
NÁTTÚRULEGT
TAUG
TAUGAFRUMA
HORMÓN
OSMÓSU
PRÓTÍN
SKRIÐDÝR
SAMBÝLI
SYNAPSE

47 - Attività Commerciale

I	Q	Z	T	I	S	H	S	X	R	I	Þ	V	W	H
K	T	R	A	T	T	A	K	S	U	Q	B	N	D	V
Æ	F	P	V	D	A	G	C	W	Ð	Þ	L	F	V	A
T	J	M	I	X	R	F	L	D	A	K	C	Q	T	R
R	Á	K	T	K	F	R	A	G	N	I	N	E	P	N
I	R	Ð	E	Z	S	Æ	K	R	G	K	O	F	D	I
R	F	K	K	A	M	Ð	Ú	B	A	S	Z	J	L	N
Y	E	V	J	A	A	I	I	Þ	H	Y	P	W	I	G
F	S	I	U	O	Ð	Ð	W	V	O	T	Z	H	W	I
C	T	F	R	R	U	J	Ð	I	M	S	K	R	E	V
S	I	Þ	E	Ð	R	U	Ð	A	N	T	S	O	K	F
Ö	N	O	V	R	M	Q	M	F	J	Á	R	M	Á	L
L	G	U	J	S	I	U	Y	T	N	I	N	E	S	K
U	M	Ð	J	Ð	R	L	N	T	N	C	K	A	Y	F
I	N	D	M	A	F	O	T	S	F	I	R	K	S	J

FERIL
KOSTNAÐUR
STARFSMAÐUR
HAGFRÆÐI
VERKSMIÐJU
FJÁRMÁL
FJÁRFESTING
VARNINGI
BÚÐ
HAGNAÐUR
TEKJUR
FYRIRTÆKI
PENINGAR
SKATTAR
VIÐSKIPTI
SKRIFSTOFA
MYNT
SÖLU

48 - Fiori

J	M	D	Y	R	M	H	A	Y	G	V	T	D	P	L
A	E	T	Z	N	D	C	I	W	D	Ö	L	D	O	O
S	E	D	K	A	V	Þ	L	B	Þ	N	W	Þ	P	F
M	Y	T	H	D	A	G	O	T	I	D	J	O	P	N
I	Z	G	J	H	O	R	N	P	V	S	Ó	R	Y	A
N	Z	P	N	D	A	K	G	V	E	N	C	N	T	R
E	Y	G	A	M	E	R	A	Þ	J	O	K	U	J	B
K	G	E	P	Ó	U	Ó	M	U	O	U	N	J	S	L
F	Í	F	I	L	L	N	W	O	B	Þ	E	Y	D	Ó
S	A	P	L	B	I	U	P	E	R	E	S	H	C	M
M	P	P	Ú	L	G	B	O	G	Z	C	U	I	P	V
Á	P	B	T	Ó	H	L	F	I	N	S	H	T	M	S
R	S	G	A	S	O	A	L	Í	L	Y	L	I	L	P
I	M	Ó	L	B	U	Ð	Í	R	T	S	Á	C	D	C
P	L	U	M	E	R	I	A	D	A	I	S	Y	L	U

FÍFILL
TOGA
JASMINE
LILY
SÓLBLÓM
HIBISCUS
LOFNARBLÓM
LÍLA
MAGNOLIA
DAISY
VÖND
ORCHID
POPPY
ÁSTRÍÐUBLÓM
PEONY
KRÓNUBLAÐ
PLUMERIA
RÓS
SMÁRI
TÚLIPAN

49 - Filantropia

T	V	Y	Þ	M	A	N	N	K	Y	N	I	Ð	W	P
G	D	Q	Ö	W	F	E	U	Þ	H	G	J	R	X	O
E	E	B	R	O	V	H	K	K	A	X	H	M	W	C
L	O	F	F	V	F	L	S	E	G	R	Ó	Z	O	M
Ð	O	H	A	W	O	X	Æ	A	U	I	P	I	I	A
Ó	H	L	Á	M	R	Á	J	F	M	N	A	K	A	R
J	A	C	B	Þ	R	G	R	Ð	X	F	T	I	R	K
Þ	I	Ð	I	L	I	G	N	E	T	E	É	E	I	M
L	O	G	C	Y	T	P	P	B	G	K	F	L	N	I
A	B	P	G	R	Q	K	V	N	A	R	Y	R	A	Ð
H	A	D	I	T	Æ	L	R	Ö	C	E	Q	A	R	G
N	W	V	O	N	F	Ó	L	K	V	V	Z	Ð	O	U
T	A	P	Þ	R	B	P	K	V	J	H	K	I	K	R
F	M	R	I	Ö	W	E	L	N	Ð	P	D	E	S	N
N	O	X	Z	B	A	H	R	S	A	G	A	H	Á	Q

BÖRN
ÞÖRF
SAMFÉLAG
TENGILIÐI
GEFA
FJÁRMÁL
FÉ
ÖRLÆTI
ÆSKU
ALÞJÓÐLEGT
HÓPA
VERKEFNI
MARKMIÐ
HEIÐARLEIKI
FÓLK
FORRIT
OPINBER
ÁSKORANIR
SAGA
MANNKYNIÐ

50 - Discipline Scientifiche

L	T	A	U	G	A	F	R	Æ	Ð	I	O	S	H	V
G	R	A	S	A	F	R	Æ	Ð	I	A	O	T	B	I
S	Á	L	F	R	Æ	Ð	I	U	G	G	E	E	H	S
E	F	N	A	F	R	Æ	Ð	I	I	A	T	I	V	T
D	Ý	R	A	F	R	Æ	Ð	I	Ð	I	G	N	E	F
L	Í	F	E	F	N	A	F	R	Æ	Ð	I	D	Ð	R
W	Q	R	T	I	J	Z	B	K	R	Æ	D	A	U	Æ
W	Ð	O	J	C	G	X	A	G	F	R	N	F	R	Ð
L	Í	F	F	R	Æ	Ð	I	N	A	F	I	R	F	I
J	A	R	Ð	F	R	Æ	Ð	I	R	L	S	Æ	R	B
X	G	Ð	V	R	L	U	X	R	Æ	É	Í	Ð	Æ	N
P	J	G	Q	Q	Y	N	H	Æ	F	V	V	I	Ð	P
J	L	F	Y	J	Þ	F	S	N	F	I	L	V	I	L
Þ	V	Þ	V	U	S	U	Ð	Q	Í	X	Á	G	Y	J
R	A	G	Y	V	E	T	R	S	L	X	M	Y	B	R

LÍFFÆRAFRÆÐI
LÍFEFNAFRÆÐI
LÍFFRÆÐI
GRASAFRÆÐI
EFNAFRÆÐI
VISTFRÆÐI
JARÐFRÆÐI
MÁLVÍSINDI
VÉLFRÆÐI
VEÐURFRÆÐI
STEINDAFRÆÐI
TAUGAFRÆÐI
NÆRING
SÁLFRÆÐI
DÝRAFRÆÐI

51 - Acqua

J	P	Þ	Q	O	Ö	L	R	Y	J	L	B	B	W	G
R	I	V	E	R	D	L	S	L	V	J	D	Y	E	N
D	F	J	O	D	T	Y	D	Y	O	L	K	Y	G	I
H	I	E	N	S	F	Z	F	U	F	U	G	N	O	N
R	Ö	K	U	M	Æ	S	M	E	R	I	S	Y	E	G
T	H	A	F	S	H	K	Y	H	X	Í	S	Q	Á	I
P	E	L	S	B	R	V	L	F	A	H	R	E	V	R
W	L	O	Þ	N	A	M	U	T	R	U	T	S	E	T
T	G	H	E	Ú	J	Ð	V	I	G	O	Ð	B	I	R
C	I	A	V	S	K	Ó	H	O	R	S	S	T	T	A
K	A	F	X	N	K	L	R	U	K	Í	S	T	U	K
I	A	K	Z	O	Y	F	C	E	J	A	F	F	Z	I
V	T	R	R	M	R	U	P	P	G	U	F	U	N	O
Y	M	Ð	U	W	D	S	P	P	S	P	L	X	V	Y
U	I	L	E	S	F	E	L	L	I	B	Y	L	U	R

FLÓÐ
SÍKUR
STURTU
UPPGUFUN
RIVER
FROST
GEYSIR
ÍS
ÁVEITU
LAKE
MONSÚN
SNJÓR
HAF
ÖLDUR
RIGNING
DRYKKJARHÆFT
RAKI
RÖKUM
FELLIBYLUR
GUFU

52 - Imbarcazioni

G	O	O	Ö	L	D	U	R	U	T	S	A	M	S	K
G	J	F	D	W	T	Z	R	D	Y	V	J	F	T	A
A	N	N	A	M	Ó	J	S	P	I	D	R	L	Ö	N
K	J	M	U	H	J	Á	H	Ö	F	N	E	E	Đ	Ó
K	O	F	L	V	S	F	J	U	D	E	F	K	U	V
E	Y	Y	É	Y	S	X	J	Z	M	M	A	I	V	H
R	R	I	V	E	R	N	S	U	L	Y	B	I	A	S
I	Q	S	P	V	L	D	E	C	D	N	O	N	T	E
H	L	K	Y	I	Q	O	R	K	Q	Y	M	S	N	G
U	E	I	A	P	E	N	O	Q	K	Z	Đ	I	Đ	L
U	E	N	D	O	K	R	Y	P	N	J	D	U	A	B
F	J	Ö	R	U	A	V	I	G	C	Đ	U	P	S	Á
P	G	U	Z	H	J	G	Đ	K	Z	J	B	Þ	U	T
Đ	O	R	U	Đ	A	M	Ó	J	S	Q	M	Đ	L	U
Đ	B	M	Đ	A	K	C	J	I	Y	A	S	D	H	R

MASTUR
AKKERI
SEGLBÁTUR
BAU
KANÓ
REIPI
ÁHÖFN
RIVER
KAJAK
STÖÐUVATN
SJÓ
FJÖRU
SJÓMAÐUR
VÉL
SJÓMANNA
HAF
ÖLDUR
FERJA
SNEKKJU
FLEKI

53 - Chimica

S	A	G	R	S	A	L	T	N	Æ	R	F	Í	L	P
K	A	O	S	O	H	Y	T	S	A	P	N	B	F	K
L	J	M	S	N	G	G	U	N	W	V	R	E	V	W
H	O	A	E	I	G	O	Q	Ð	U	S	Ó	D	W	N
I	F	T	R	I	D	N	A	T	Ó	J	L	F	Q	A
T	B	I	U	N	N	G	H	D	F	O	K	P	V	J
A	S	H	D	K	O	D	E	N	S	Í	M	V	J	Ó
S	M	G	N	I	E	R	Ú	S	Þ	Y	N	G	D	N
T	Q	Y	I	K	P	R	K	S	Ú	R	E	F	N	I
I	D	S	E	X	E	V	F	U	H	G	V	I	P	A
G	P	W	F	O	J	Ð	B	I	N	T	E	V	R	B
S	Ý	R	A	H	V	A	T	I	N	F	E	L	O	K
S	E	G	R	E	W	G	G	G	G	U	Þ	Y	G	C
X	S	J	D	D	D	L	V	Q	F	B	V	Þ	O	I
D	K	A	A	X	X	U	E	Q	K	Q	O	S	X	Z

SÝRA
SÚR
LOTUKERFINU
HITA
KOLEFNI
HVATI
KLÓR
RAFEIND
ENSÍM
GAS

VETNI
JÓN
FLJÓTANDI
SAMEIND
KJARNORKU
LÍFRÆNT
SÚREFNI
ÞYNGD
SALT
HITASTIG

54 - Api

Á	H	D	Z	G	Ú	G	P	Z	D	F	B	U	E	V
H	V	C	Þ	N	B	S	O	F	B	I	I	N	F	I
Ð	V	Ö	R	I	A	A	X	R	M	K	U	Y	G	S
M	F	J	X	N	N	F	M	G	Ó	D	X	G	U	T
A	N	T	Z	T	G	N	G	E	L	N	G	A	G	K
T	G	S	M	T	U	S	Ó	L	B	K	N	R	V	E
U	T	T	I	O	L	R	I	P	E	A	A	Ð	K	R
R	L	Þ	T	R	F	Z	Ð	S	H	K	N	U	B	F
M	R	G	N	D	Ý	V	Æ	O	Þ	P	U	R	L	I
U	U	R	K	J	B	K	V	I	K	L	H	T	Ó	K
S	K	O	R	D	Ý	R	S	C	G	Ö	C	N	M	L
P	Y	G	Þ	T	U	C	Ú	I	Q	N	Ð	J	S	G
Þ	E	Q	N	G	Z	J	B	I	O	T	Æ	D	T	Z
F	R	J	Ó	K	O	R	N	G	F	U	U	V	R	S
K	R	O	S	T	H	Ð	E	J	L	R	D	Þ	A	J

VÆNGI
BÝFLUGNABÚ
GAGNLEG
VAX
MATUR
VISTKERFI
BLÓM
BLÓMSTRA
ÁVÖXTUR
REYKUR
GARÐUR
BÚSVÆÐI
SKORDÝR
HUNANG
PLÖNTUR
FRJÓKORN
DROTTNING
KVIK
SÓL

55 - Strumenti Musicali

W	S	D	L	N	Y	Z	R	S	B	Z	R	O	R	H
U	L	R	P	Ó	C	J	J	N	O	Á	T	A	E	B
F	A	U	W	F	Đ	Q	C	F	W	G	S	U	X	V
L	G	P	J	Ó	B	A	N	J	Ó	O	V	Ú	S	V
A	V	R	R	X	P	I	N	P	J	N	Z	Z	N	S
U	E	Ö	V	A	M	M	O	R	T	G	Ó	X	Í	A
T	R	H	G	S	H	F	A	B	E	C	B	D	L	B
U	K	N	P	Í	A	N	Ó	Y	P	J	Ó	F	Ó	M
R	Þ	N	U	U	L	Đ	I	F	M	P	N	Y	D	I
E	N	U	S	E	L	L	Ó	A	O	G	N	J	N	R
M	H	M	I	J	C	G	T	G	R	Í	Z	R	A	A
Z	E	B	U	M	B	U	R	O	T	T	M	Đ	M	M
W	D	E	J	E	T	B	M	T	D	A	V	M	H	Đ
R	E	Z	K	Q	X	O	Đ	T	U	R	H	L	H	D
T	F	K	L	A	R	I	N	E	T	T	S	S	Đ	E

MUNNHÖRPU
HARPA
BANJÓ
GÍTAR
KLARINETT
FAGOTT
FLAUTU
GONG
MANDÓLÍN
MARIMBA
ÓBÓ
SLAGVERK
PÍANÓ
SAXÓFÓN
BUMBUR
TROMMA
TROMPET
BÁSÚNA
FIÐLU
SELLÓ

56 - Professioni #2

F	L	E	F	N	A	F	R	Æ	Ð	I	N	G	U	R
O	L	Æ	L	J	Ó	S	M	Y	N	D	A	R	I	U
T	B	U	K	R	A	N	N	S	A	K	A	N	D	A
T	R	U	G	N	I	K	E	P	S	M	I	E	H	Þ
Z	V	S	Þ	M	I	P	M	Á	L	A	R	I	R	T
X	I	R	U	Ð	A	M	A	Ð	A	L	B	C	W	O
Y	E	G	I	U	F	Ð	G	E	I	M	F	A	R	I
K	E	N	N	A	R	I	U	C	R	D	R	G	J	Q
D	B	A	R	S	X	Y	L	R	M	D	N	A	X	N
R	A	N	N	S	Ó	K	N	I	R	B	M	Ó	X	C
Ú	T	G	E	F	A	N	D	I	T	N	E	P	B	Ð
T	E	I	K	N	A	R	I	S	V	N	B	Z	G	C
T	A	N	N	L	Æ	K	N	I	K	F	D	B	Y	Ð
L	Í	F	F	R	Æ	Ð	I	N	G	U	R	Q	B	K
V	E	R	K	F	R	Æ	Ð	I	N	G	U	R	E	J

BÓNDI
GEIMFARI
LÍFFRÆÐINGUR
EFNAFRÆÐINGUR
TANNLÆKNI
ÚTGEFANDI
HEIMSPEKINGUR
LJÓSMYNDARI
BLAÐAMAÐUR
TEIKNARI
VERKFRÆÐINGUR
KENNARI
RANNSAKANDA
LÆKNI
FLUGMAÐUR
MÁLARI
RANNSÓKNIR

57 - Letteratura

T	U	M	R	Æ	Đ	U	T	R	Q	U	R	A	N	W
W	E	Q	R	V	G	N	I	K	Í	L	D	N	Y	M
T	A	G	A	S	D	L	Á	K	S	Í	S	W	Đ	H
F	M	B	U	N	I	Đ	U	R	S	T	A	Đ	A	Ö
U	E	S	O	N	X	C	Y	U	B	S	V	H	R	F
W	Þ	R	A	C	D	L	Í	K	I	N	G	A	R	U
G	W	U	E	M	Á	L	I	T	A	B	A	X	L	N
L	R	R	Í	M	A	G	A	S	I	V	Æ	V	V	D
J	Q	E	C	K	M	N	I	J	Y	U	M	K	G	U
Ó	Z	Y	I	V	A	L	B	T	A	K	T	U	R	R
Đ	A	X	I	N	Q	R	Z	U	C	V	N	M	C	N
T	Z	R	U	K	I	E	L	M	R	A	H	X	Đ	Y
L	Ý	S	I	N	G	N	B	Q	Z	Đ	D	J	Þ	B
X	D	Y	W	A	W	I	G	A	V	Đ	U	Z	Z	D
L	J	Ó	Đ	R	Æ	N	K	Q	W	V	R	R	J	F

GREINING
LÍKINGAR
E.
HÖFUNDUR
ÆVISAGA
NIÐURSTAÐA
SAMANBURÐUR
LÝSING
UMRÆÐU
TEGUND
MYNDLÍKING
ÁLIT
LJÓÐ
LJÓÐRÆN
RÍM
TAKTUR
SKÁLDSAGA
STÍL
ÞEMA
HARMLEIKUR

58 - Cibo #2

Þ	X	N	Z	V	F	E	X	Y	Đ	W	F	J	X	Đ
Z	T	K	J	Ú	K	L	I	N	G	U	R	Ó	A	T
Đ	R	Ó	K	I	R	S	U	B	E	R	F	G	Þ	B
V	E	I	M	H	Y	U	Y	K	I	C	U	Ú	B	H
Y	B	T	U	A	X	I	U	M	K	R	Þ	R	A	R
K	N	I	K	K	T	F	Þ	G	Y	Z	M	T	N	S
Q	Í	E	G	N	Ó	J	R	G	S	Í	R	H	A	S
E	V	V	D	I	Đ	A	L	U	K	K	Ú	S	N	V
D	G	H	Í	K	S	E	L	L	E	R	Í	C	I	E
S	P	G	D	S	Y	E	D	L	Đ	U	A	R	B	P
A	Z	Z	X	E	I	V	J	M	Q	T	R	T	Q	P
U	L	Á	K	L	I	G	R	E	P	S	U	M	P	I
V	I	Y	B	Y	W	I	Z	K	Þ	O	E	E	N	R
N	I	D	L	A	G	G	E	P	L	I	O	B	U	T
F	I	S	K	U	R	O	N	P	C	T	L	Z	K	R

BANANI
SPERGILKÁL
KIRSUBER
SÚKKULAÐI
OSTUR
SVEPPIR
HVEITI
KÍVÍ
EPLI
EGGALDIN

BRAUÐ
FISKUR
KJÚKLINGUR
TÓMAT
SKINKA
HRÍSGRJÓN
SELLERÍ
EGG
VÍNBER
JÓGÚRT

59 - Nutrizione

M	R	Ó	L	E	G	U	R	P	Þ	Y	N	G	D	N
E	K	O	L	V	E	T	N	I	R	U	T	I	B	R
L	K	R	Y	D	D	W	D	K	B	Ó	G	V	U	A
T	M	A	T	A	R	Æ	Ð	I	L	Ð	T	Æ	N	G
I	H	E	I	L	B	R	I	G	Ð	U	R	E	Ð	N
N	V	Í	T	A	M	Í	N	Æ	S	D	J	Q	I	I
G	F	M	E	Þ	R	A	G	T	Ó	P	M	K	D	N
Þ	G	Y	R	I	I	K	Þ	U	S	J	Y	X	B	I
G	K	X	G	P	T	M	B	R	A	G	O	K	A	E
M	Ð	Y	E	Ð	E	U	Ð	I	D	F	I	S	Þ	A
Y	N	Q	G	M	L	Q	R	C	H	K	R	J	Q	T
L	Y	N	Q	O	E	E	D	E	N	A	L	Þ	C	I
M	A	T	A	R	L	Y	S	T	F	M	Z	L	M	H
G	E	R	J	U	N	R	S	F	K	N	Z	L	D	T
H	E	I	L	S	A	V	Ö	K	V	A	I	T	Ð	T

BITUR
MATARLYST
RÓLEGUR
HITAEININGAR
KOLVETNI
ÆTUR
MATARÆÐI
MELTING
GERJUN
VÖKVA
ÞYNGD
PRÓTEIN
GÆÐI
SÓSA
HEILSA
HEILBRIGÐUR
KRYDD
EITUREFNI
VÍTAMÍN

60 - Matematica

T	Ö	L	U	R	I	S	Í	V	S	I	D	L	E	V
R	M	F	N	N	L	J	V	Þ	U	Q	E	S	F	T
U	É	A	Z	B	B	X	D	A	M	U	S	T	P	G
G	Y	T	N	C	C	R	H	K	M	L	R	Y	I	N
N	B	S	T	R	R	I	O	G	A	K	P	T	T	I
I	Ð	A	B	H	P	Ð	F	T	N	K	N	M	D	N
N	M	K	X	G	Y	Æ	Þ	L	L	A	F	O	E	R
R	Z	U	A	U	F	R	E	V	H	M	A	S	I	Y
E	Þ	A	F	O	C	F	N	J	A	F	N	A	L	H
F	T	V	O	B	D	M	R	I	Q	R	Q	T	D	G
Þ	B	R	E	D	J	Ú	O	D	N	J	A	Ð	A	R
Z	W	Z	Þ	R	P	R	H	V	B	G	P	L	X	A
A	Ð	I	L	H	M	A	S	L	Ð	O	U	H	B	M
B	I	N	D	I	K	Á	M	G	M	M	G	R	C	Q
Þ	J	I	S	T	K	O	L	Á	M	M	U	U	R	A

HORN
TÖLUR
UMMÁL
AUKASTAF
ÞVERMÁL
DEILD
JAFNA
VELDISVÍSIR
BROT
RÚMFRÆÐI
SAMHLIÐA
JAÐAR
MARGHYRNING
FERNINGUR
RÉTTHYRNINGUR
SAMHVERFU
SUMMA
BINDI

61 - Meditazione

S	N	G	O	L	S	Y	B	V	L	T	H	L	O	T
A	A	K	Ó	R	X	R	M	X	P	E	I	O	A	Ó
N	R	M	C	Ð	F	U	L	O	E	I	Z	Z	R	N
D	Ú	H	T	A	V	Ð	Ú	M	A	S	C	W	I	L
L	T	U	D	Ö	S	I	K	K	Y	Þ	M	A	S	I
E	T	G	V	P	K	R	L	Þ	Ö	G	N	S	U	S
G	Á	A	T	I	O	F	X	D	Y	A	U	T	L	T
T	N	S	K	Ý	R	L	E	I	K	I	W	I	L	K
I	N	X	R	A	G	N	I	N	N	I	F	L	I	T
Ö	N	D	U	N	H	C	H	A	M	I	N	G	J	A
S	J	Ó	N	A	R	H	O	R	N	I	W	Y	O	H
W	G	J	A	T	H	U	G	U	N	E	J	H	W	T
V	H	Q	O	H	U	G	S	A	N	I	R	T	Z	X
D	Y	J	R	X	Q	I	T	Æ	L	K	K	A	Þ	S
Þ	X	S	V	Y	T	X	B	J	I	U	I	C	I	F

SAMÞYKKI
ATHYGLI
LOGN
SKÝRLEIKI
SAMÚÐ
TILFINNINGAR
HAMINGJA
GÓÐVILD
ÞAKKLÆTI
ANDLEGT
HUGA
SAMTÖK
TÓNLIST
NÁTTÚRAN
ATHUGUN
FRIÐUR
HUGSANIR
SJÓNARHORNI
ÖNDUN
ÞÖGN

62 - Elettricità

N	A	Q	J	T	H	M	S	J	Ó	N	V	A	R	P
W	T	O	Z	Y	P	Þ	Í	O	W	L	L	E	O	Y
I	I	L	E	Y	S	I	R	N	Z	J	T	P	F	V
P	N	M	A	G	N	C	K	J	U	H	L	U	T	I
M	S	N	G	A	M	F	A	R	C	S	P	R	F	J
A	G	J	S	Q	L	W	B	O	I	M	V	E	O	Á
L	J	Z	M	T	L	E	B	A	K	V	P	P	Q	K
J	B	R	G	Q	U	K	R	J	Z	E	F	T	R	V
Þ	L	A	G	H	G	N	I	W	Q	Ð	W	A	K	Æ
L	C	F	V	B	E	P	G	Z	B	O	X	L	R	T
V	C	H	L	O	S	D	J	A	E	E	B	S	Y	T
H	Y	L	V	Í	R	C	Þ	X	I	A	X	M	U	Þ
A	I	A	B	Ú	N	A	Ð	U	R	N	R	Y	Þ	O
Þ	C	Ð	S	Í	M	I	L	K	H	E	K	E	D	T
L	N	A	R	A	F	A	L	L	J	T	J	G	P	R

BÚNAÐUR
RAFHLAÐA
KABEL
GEYMSLA
RAFVIRKI
RAFMAGNS
VÍR
RAFALL
LAMPI
PERU
LEYSIR
SEGULL
MÍNUS
HLUTI
JÁKVÆTT
INNSTUNGA
MAGN
NET
SÍMI
SJÓNVARP

63 - Antiquariato

P	D	C	Z	I	Z	U	L	C	Q	G	S	E	Á	G
H	K	Y	E	Đ	S	C	C	J	Y	Đ	K	N	R	A
L	L	L	O	Æ	O	Đ	T	S	E	Z	R	D	A	L
L	K	B	I	G	J	B	P	W	K	I	E	U	T	L
G	A	M	A	L	L	M	P	J	A	B	Y	R	U	E
V	U	Đ	J	P	Q	T	P	P	Þ	U	T	R	G	R
Z	G	L	Æ	S	I	L	E	G	U	R	I	E	I	Í
Z	O	D	N	Y	M	G	G	Ö	H	N	N	I	Đ	W
Ó	V	E	N	J	U	L	E	G	T	R	G	S	R	P
M	O	K	T	A	T	K	E	Ö	L	D	A	N	I	C
H	Y	H	F	I	T	L	I	S	T	Đ	R	E	V	E
F	G	N	G	Ö	G	S	Ú	H	B	X	X	M	W	B
S	L	Í	T	S	Q	G	Á	V	S	G	K	A	B	S
F	J	Á	R	F	E	S	T	I	N	G	O	R	D	L
V	V	E	Y	R	R	C	Y	T	U	T	M	Đ	U	Q

LIST
UPPBOÐ
EKTA
ÁSTAND
ÁRATUGI
SKREYTINGAR
GLÆSILEGUR
GALLERÍ
ÓVENJULEGT
FJÁRFESTING
HÚSGÖGN
MYNT
VERÐ
GÆÐI
ENDURREISN
HÖGGMYND
ÖLD
STÍL
VIRÐI
GAMALL

64 - Escursionismo

O	B	O	T	Q	Þ	L	B	V	G	B	J	A	R	G
S	V	I	L	L	T	E	D	E	C	A	L	D	Ý	E
Þ	Ó	M	E	X	G	I	M	Ð	E	E	R	E	D	B
F	W	L	Ð	P	N	Ð	I	U	A	H	U	Ð	R	Y
Q	S	L	A	U	U	S	H	R	N	X	D	E	U	Q
T	Ð	A	K	B	Þ	Ö	G	F	M	I	V	Y	D	R
A	S	J	Ð	A	C	G	W	A	Y	X	D	S	K	K
Y	E	F	K	M	Ð	U	U	R	W	V	R	N	Z	S
M	A	V	A	T	N	M	V	U	H	N	L	G	U	N
Þ	Ð	E	V	P	Z	E	A	T	R	O	K	Y	E	F
U	Æ	U	M	I	G	N	E	T	E	T	A	X	K	Þ
L	J	W	H	Z	L	N	D	Y	O	K	J	C	P	D
S	T	Í	G	V	É	L	I	E	P	B	B	K	Q	M
X	Ú	B	Q	Z	E	F	I	R	A	N	I	E	T	S
N	Á	T	T	Ú	R	A	N	Þ	D	N	V	X	R	E

VATN
DÝR
ÚTJÆÐA
VEÐURFAR
LEIÐSÖGUMENN
KORT
FJALL
NÁTTÚRAN
GARÐUR
ÞUNGT
STEINAR
BJARG
VILLT
SÓL
ÞREYTTUR
STÍGVÉL
FUNDINUM

65 - Professioni #1

S	I	G	R	P	S	X	I	O	R	C	D	R	Í	S
E	H	R	E	I	C	J	R	X	Q	H	I	U	Þ	Á
N	U	U	G	I	T	U	Ó	I	J	B	N	G	R	L
D	E	Ð	K	D	U	S	J	M	E	G	O	N	Ó	F
I	R	A	S	N	A	D	T	J	A	I	Y	I	T	R
H	I	M	V	A	Þ	K	S	J	I	Ð	U	Ð	T	Æ
E	P	A	E	Ð	J	L	A	L	Ó	A	U	Æ	A	Ð
R	I	T	I	O	Á	Æ	K	Æ	B	R	C	R	M	I
R	R	S	Ð	K	L	Ð	N	K	D	U	I	F	A	N
A	G	I	I	S	F	S	A	N	Y	Ð	O	Ð	Ð	G
D	T	L	M	R	A	K	B	I	I	A	C	R	U	U
I	R	L	A	U	R	E	W	R	D	M	R	A	R	R
H	A	D	Ð	D	I	R	K	R	N	G	I	J	U	S
C	K	T	U	N	G	I	J	S	G	Ö	R	T	E	Þ
O	S	T	R	E	I	K	R	I	V	L	É	V	U	U

ÞJÁLFARI
SENDIHERRA
LISTAMAÐUR
ÍÞRÓTTAMAÐUR
LÖGMAÐUR
DANSARI
BANKASTJÓRI
VEIÐIMAÐUR
ENDURSKOÐANDI
RITSTJÓRI
JARÐFRÆÐINGUR
SKARTGRIPIR
SJÓMAÐUR
VÉLVIRKI
LÆKNIR
SÁLFRÆÐINGUR
KLÆÐSKERI

66 - Antartide

I	O	P	Y	T	H	V	A	L	I	R	Á	E	J	J
N	R	P	A	G	Þ	C	I	O	Y	O	L	Y	Ö	V
U	M	H	V	E	R	F	I	S	K	Ý	F	J	K	S
H	I	M	G	L	R	O	Z	Ó	W	O	U	A	L	K
I	L	Z	T	D	X	A	F	B	L	B	N	R	A	P
T	H	R	J	N	V	P	N	M	Þ	F	N	A	R	P
A	Z	D	C	I	K	E	D	N	M	C	I	Q	U	G
S	Q	Z	M	S	Í	C	R	U	S	S	K	A	G	I
T	O	I	X	Í	Q	D	Þ	N	T	Ó	Q	X	N	U
I	W	R	M	V	H	S	G	N	D	E	K	R	A	E
G	R	O	C	K	Y	I	X	Ö	X	U	L	N	Ð	R
L	A	N	D	S	L	A	G	K	F	P	N	T	I	K
K	A	L	A	N	D	A	F	R	Æ	Ð	I	A	E	R
Ð	Þ	O	M	O	U	I	H	B	W	V	K	V	L	O
K	X	S	T	E	I	N	E	F	N	I	Q	V	R	Z

VATN
UMHVERFI
FLÓI
HVALIR
VERNDUN
ÁLFUNNI
KÖNNUN
LANDAFRÆÐI
JÖKLAR
ÍS

EYJAR
STEINEFNI
SKÝ
SKAGI
RANNSÓKNIR
ROCKY
VÍSINDLEGT
LEIÐANGUR
HITASTIG
LANDSLAG

67 - Libri

V	V	R	U	M	A	S	N	A	M	A	G	X	H	R
I	H	A	S	A	G	A	K	P	R	Đ	D	R	B	Đ
Đ	O	B	S	G	Q	E	Z	R	B	A	A	L	O	E
E	Ö	B	C	E	G	P	L	A	I	C	M	Đ	O	J
I	X	R	P	L	U	B	Þ	M	B	F	F	W	E	Đ
G	Þ	F	L	U	A	T	C	H	U	W	A	Đ	Í	S
A	N	Þ	K	M	S	V	R	E	L	R	B	Đ	V	L
N	B	H	I	R	Ý	T	N	I	V	Æ	F	R	O	J
D	Z	V	W	Ö	B	Ó	K	M	E	N	N	T	A	Ó
I	G	N	E	H	M	A	S	R	E	F	C	N	Đ	Đ
S	K	Á	L	D	S	A	G	A	P	A	Z	U	E	T
S	Ö	G	U	M	A	Đ	U	R	I	S	G	U	K	M
J	S	Ö	G	U	L	E	G	T	C	S	H	D	H	K
T	V	Í	E	Đ	L	I	R	L	E	S	A	N	D	I
H	Ö	F	U	N	D	U	R	K	E	F	G	H	J	V

HÖFUNDUR
ÆVINTÝRI
SAFN
SAMHENGI
TVÍEÐLI
EPIC
FRUMLEG
BÓKMENNTA
LESANDI
SÖGUMAÐUR
SÍÐA
LJÓÐ
VIÐEIGANDI
SKÁLDSAGA
SKRIFAÐ
RÖÐ
SAGA
SÖGULEGT
HÖRMULEGA
GAMANSAMUR

68 - Geografia

F	L	B	Z	C	S	Þ	F	L	Á	Q	B	G	Z	J
A	T	L	A	S	L	J	Ð	A	L	T	O	G	H	Q
J	D	L	Ð	M	A	T	Ó	N	F	Y	R	G	H	H
Y	L	A	L	R	T	X	Ð	D	U	W	G	O	R	S
E	J	J	Z	G	Þ	M	J	O	N	J	L	I	K	X
S	B	F	Q	A	D	O	R	S	N	A	R	C	V	E
I	W	M	G	E	T	G	P	P	I	R	U	Ð	U	S
B	Þ	A	D	B	A	R	H	E	Þ	Ð	Ð	C	N	S
R	E	V	I	R	P	G	U	P	Q	A	R	F	U	T
E	F	H	Þ	O	I	I	N	M	T	R	O	I	T	V
I	N	I	V	Ð	S	V	Æ	Ð	I	O	N	E	K	E
D	T	E	K	Z	I	D	M	U	Þ	E	G	U	S	S
D	J	S	Q	P	V	Q	A	W	Q	J	H	M	U	T
L	E	N	G	D	A	R	G	R	Á	Ð	U	K	M	U
M	E	R	I	D	I	A	N	N	G	O	H	Æ	Ð	R

HÆÐ
ATLAS
BORG
ÁLFUNNI
JARÐAR
RIVER
EYJA
BREIDD
LENGDARGRÁÐU
KORT
SJÓ
MERIDIAN
HEIMUR
FJALL
NORÐUR
VESTUR
LAND
SVÆÐI
SUÐUR

69 - Cibo #1

C	Z	B	G	S	Đ	Q	U	N	A	K	O	B	S	S
F	A	P	Æ	N	G	H	G	L	U	J	Q	A	A	P
T	K	T	C	K	Đ	B	S	O	L	Ö	H	S	F	Í
S	A	L	A	T	Ó	R	L	U	G	T	U	I	A	N
Z	K	A	Ó	U	L	G	V	F	D	A	H	L	Þ	A
W	Đ	S	C	J	J	A	R	Đ	A	R	B	E	R	T
I	A	T	G	X	M	R	L	U	Đ	Đ	T	V	T	S
T	W	Y	Y	J	Đ	E	B	A	Z	C	A	U	L	Í
O	Đ	U	C	W	Đ	P	K	R	U	T	N	Y	M	T
H	V	Í	T	L	A	U	K	U	R	K	Q	W	W	R
Z	R	Z	Y	I	W	W	C	K	K	M	U	B	U	Ó
A	M	R	R	N	C	R	K	Y	B	Z	Z	R	H	N
Y	H	B	M	A	A	J	B	S	E	Y	V	R	R	U
Đ	J	R	U	K	S	I	F	N	Ú	T	G	W	L	Y
F	E	O	R	Þ	Q	X	Q	L	C	L	O	G	I	T

HVÍTLAUKUR
BASIL
KANIL
KJÖT
GULRÓT
LAUKUR
JARÐARBER
SALAT
MJÓLK
SÍTRÓNU
MYNTU
BYGG
PERA
NÆPA
SALT
SPÍNAT
SAFA
TÚNFISKUR
KAKA
SYKUR

70 - Aeroplani

H	G	P	F	I	X	N	O	H	I	M	I	N	N	E
L	Æ	U	L	S	T	J	Ó	R	N	M	Á	L	F	L
M	Ð	Ð	U	N	F	E	T	S	W	T	Þ	S	Ö	D
V	P	B	G	N	I	D	N	E	L	A	Þ	O	H	S
Y	M	E	M	R	D	P	F	O	W	N	C	B	Á	N
U	T	P	A	G	A	S	I	O	Þ	U	D	L	S	E
S	S	J	Ð	Æ	V	I	N	T	Ý	R	I	Ö	M	Y
X	I	L	U	E	Y	N	G	O	K	P	E	Ð	Í	T
O	I	G	R	T	E	T	B	E	R	P	Ð	R	Ð	I
R	U	B	L	J	U	E	Y	N	Þ	U	S	U	I	Ó
Z	Y	Þ	B	A	I	V	J	N	Q	R	B	G	J	K
L	O	F	T	H	Ö	N	N	U	N	G	A	Q	Ð	Y
J	B	V	É	L	G	W	K	C	U	Y	Y	F	R	R
L	Q	Y	H	V	L	X	C	R	E	G	B	X	V	R
I	R	F	K	D	B	G	G	M	X	M	V	P	F	Ð

HÆÐ
LOFT
STJÓRNMÁL
LENDING
ÆVINTÝRI
ELDSNEYTI
HIMINN
SMÍÐI
HÖNNUN
STEFNU
UPPRUNA
ÁHÖFN
VETNI
VÉL
SIGLA
BLÖÐRU
FARÞEGI
FLUGMAÐUR
SAGA
ÓKYRRÐ

71 - Governo

A	Ð	Æ	R	M	U	T	W	T	L	U	U	U	D	L
S	M	Z	X	É	A	A	N	G	S	D	Z	M	Ó	Ö
T	H	X	I	T	T	É	R	N	F	A	J	D	M	G
J	V	A	Þ	A	M	T	B	Þ	F	D	P	Æ	S	L
Ó	P	R	R	U	G	E	L	Ð	Ó	J	Þ	M	C	E
R	A	W	S	Ð	I	R	C	Æ	L	F	R	I	N	G
N	K	Á	T	U	G	D	Í	T	T	I	O	H	J	U
M	Þ	J	Ó	Ð	O	P	Q	K	R	I	W	B	S	R
Á	L	D	Q	Æ	T	Q	G	D	I	S	L	E	R	F
L	I	Ð	Æ	R	Ð	Ý	L	B	W	N	F	Ð	B	H
V	J	I	T	M	I	N	N	I	S	M	E	R	K	I
Y	S	Þ	B	G	E	L	A	R	A	G	R	O	B	C
X	G	Ð	G	E	L	L	W	G	Y	B	Ö	A	M	B
S	J	Á	L	F	S	T	Æ	Ð	I	S	G	L	E	A
S	T	J	Ó	R	N	A	R	S	K	R	Á	R	Q	K

LEIÐTOGI
BORGARALEG
STJÓRNARSKRÁ
LÝÐRÆÐI
RÆÐU
UMRÆÐA
DÓMS
RÉTTLÆTI
SJÁLFSTÆÐI
LÖGLEGUR
LÖG
FRELSI
MINNISMERKI
ÞJÓÐLEGUR
ÞJÓÐ
STJÓRNMÁL
UMDÆMI
TÁKN
RÍKI
JAFNRÉTTI

72 - Bellezza

Q	D	S	S	Đ	M	R	U	M	L	I	U	F	U	Þ
Þ	R	P	Ó	P	M	A	J	S	A	L	L	I	E	H
R	U	T	I	L	E	P	Y	R	Đ	S	L	A	N	F
U	Í	Þ	S	S	V	G	U	C	W	G	K	G	G	H
G	L	N	P	N	Ö	L	I	R	K	O	L	A	U	Q
E	O	X	I	Y	R	E	K	L	C	K	Q	L	R	B
L	Y	K	T	R	U	H	I	O	L	Q	W	L	U	A
I	R	I	S	T	R	F	E	N	E	J	Z	U	T	T
S	Đ	A	I	I	Y	H	L	S	L	P	X	R	I	S
Æ	R	J	L	V	D	Ú	I	V	K	J	U	K	L	U
L	N	Y	Í	Ö	O	Đ	S	G	F	Æ	Y	D	A	N
G	Á	X	T	R	B	Y	Æ	G	C	D	R	K	R	Ó
F	Đ	U	S	U	D	E	L	L	G	N	C	I	A	J
K	L	T	I	R	M	N	G	L	O	C	D	Þ	V	Þ
T	L	J	Ó	S	M	Y	N	D	I	N	T	E	K	L

LITUR
SNYRTIVÖRUR
GLÆSILEGUR
GLÆSILEIKI
HEILLA
SKÆRI
LJÓSMYNDIN
ILMUR
NÁÐ
MASKARA
OLÍUR
HÚÐ
VÖRUR
LYKT
KRULLA
VARALITUR
ÞJÓNUSTA
SJAMPÓ
SPEGILL
STÍLISTI

73 - Avventura

D	P	S	E	L	D	M	Ó	Đ	S	Đ	L	N	R	Y
G	U	E	K	F	E	R	Đ	A	Á	Æ	T	L	U	N
Z	L	B	K	O	V	O	L	U	G	I	D	N	A	V
G	Z	E	R	U	Đ	A	T	S	A	G	N	A	F	Á
T	S	T	Đ	M	H	U	Y	D	D	G	X	Y	O	Z
G	Æ	Þ	D	I	V	C	N	I	X	Y	I	G	Z	A
E	H	K	R	Đ	F	K	A	A	J	R	L	S	Z	V
L	Æ	N	I	N	Ý	T	T	S	R	Ö	N	F	Þ	Þ
U	T	Á	N	F	J	E	R	P	I	F	R	Þ	J	Z
J	T	T	A	O	Æ	E	J	E	N	K	E	N	Þ	F
N	U	T	R	Y	V	R	Y	F	I	N	K	R	I	V
E	L	Ú	O	J	G	J	I	K	V	M	Q	W	Đ	C
V	E	R	K	S	I	G	L	I	N	G	A	R	Y	A
Ó	G	A	S	F	E	G	U	R	Đ	X	R	Þ	Đ	U
P	T	N	Á	H	U	G	R	E	K	K	I	B	E	D

VINIR
VIRKNI
FEGURÐ
HUGREKKI
ÁFANGASTAÐUR
VANDI
ELDMÓÐ
SKOÐUNARFERÐ
GLEÐI
ÓVENJULEGT
FERÐAÁÆTLUN
NÁTTÚRAN
SIGLINGAR
NÝTT
TÆKIFÆRI
HÆTTULEGT
ÁSKORANIR
ÖRYGGI

74 - Forme

H	Y	P	E	R	B	O	L	A	S	K	K	M	A	K
C	K	B	D	P	D	W	O	R	P	R	E	S	R	X
H	L	I	Ð	D	V	C	Ð	N	O	É	Y	I	C	W
H	O	W	I	M	K	Ð	Ð	Y	R	T	P	R	L	I
H	O	S	T	R	O	K	K	A	Ö	T	O	P	T	A
Z	P	R	Q	L	K	Z	P	L	S	H	P	N	Z	W
R	U	G	N	I	N	E	T	Ú	K	Y	A	H	K	E
S	P	O	R	B	A	U	G	K	J	R	R	Q	R	O
P	Ý	R	A	M	Í	D	A	Ð	U	N	N	N	U	I
B	Þ	B	C	L	X	V	M	L	L	I	R	E	F	G
R	Z	C	X	Þ	R	M	N	T	A	N	Q	Ð	F	W
Ú	K	L	R	P	N	Q	L	B	G	G	N	I	R	H
N	W	U	Í	G	I	O	R	C	A	U	B	M	R	N
I	X	N	U	N	H	A	G	Ð	U	R	Z	G	W	Y
R	M	Q	L	F	A	F	E	R	N	I	N	G	U	R

HORN
ARC
BRÚNIR
HRING
STROKKA
KEILA
TENINGUR
FERILL
SPORBAUG
HYPERBOLA
HLIÐ
LÍNA
SPORÖSKJULAGA
PÝRAMÍDA
PRISM
FERNINGUR
RÉTTHYRNINGUR
KÚLA

75 - Oceano

S	D	F	K	O	O	V	J	C	P	Þ	M	B	P	R
K	P	R	K	R	S	S	T	O	R	M	U	R	K	Æ
J	R	U	Ó	E	A	T	T	Y	L	G	R	A	M	K
A	Z	T	R	S	E	B	R	U	L	A	V	H	Q	J
L	L	Á	A	U	B	R	B	A	L	R	X	Q	U	A
D	K	B	L	R	U	U	N	I	Ö	W	A	Y	A	M
B	O	Ö	L	I	I	G	X	L	F	M	H	K	F	P
A	L	L	A	F	P	N	C	H	R	Y	R	V	Á	N
K	K	D	F	Z	R	U	P	M	A	V	S	U	I	H
A	R	U	R	Z	U	R	H	Y	V	I	H	Y	Þ	N
H	A	R	I	W	K	F	R	H	Á	V	P	X	T	B
F	B	F	Ð	N	S	Ö	F	I	J	J	T	B	Q	S
W	B	T	A	G	I	H	T	M	S	U	Ð	S	Z	X
Q	I	L	Q	F	F	T	Ú	N	F	I	S	K	U	R
W	A	N	I	A	S	A	L	T	A	S	J	Z	M	O

ÁLL
HVALUR
BÁTUR
KÓRALL
HÖFRUNGUR
RÆKJA
KRABBI
SJÁVARFÖLL
MARGLYTTA
ÖLDUR
OSTRA
FISKUR
KOLKRABBI
SALT
RIF
SVAMPUR
HÁKARL
SKJALDBAKA
STORMUR
TÚNFISKUR

76 - Veicoli

Q	F	X	U	G	R	U	I	K	E	L	F	S	J	O
B	R	Ú	T	U	Y	A	C	A	R	W	M	J	F	L
Í	R	U	T	Á	B	S	Þ	F	V	H	C	Ú	K	W
L	E	P	H	B	Q	O	U	B	Ö	D	Ð	K	U	H
L	I	S	J	L	E	S	T	Á	R	E	T	R	O	I
É	Ð	E	Ó	F	L	R	M	T	U	K	Y	A	U	Q
V	H	V	L	M	E	K	U	U	B	K	Z	B	K	E
T	J	L	H	L	A	R	B	R	Í	K	E	Í	L	A
P	Ó	M	Ý	É	W	O	J	Þ	L	I	L	L	P	Þ
D	L	E	S	V	U	M	M	A	L	S	D	L	O	Y
C	Z	R	I	G	Q	Y	M	A	Ð	Þ	F	N	X	D
Þ	A	E	X	U	L	S	Q	C	R	Y	L	P	G	Ð
F	L	Q	A	L	T	U	K	S	N	R	A	Q	O	Z
Y	Þ	X	T	F	M	Q	H	B	I	L	U	Y	Þ	A
D	R	Á	T	T	A	R	V	É	L	A	G	I	P	F

FLUGVÉL
SJÚKRABÍLL
BÍLL
RÚTU
BÁTUR
REIÐHJÓL
VÖRUBÍLL
HJÓLHÝSI
ÞYRLA
VÉL
SKUTLA
DEKK
ELDFLAUG
VESPU
KAFBÁTUR
TAXI
FERJA
DRÁTTARVÉL
LEST
FLEKI

77 - Emozioni

L	N	X	O	X	G	R	O	S	V	V	A	G	M	P
M	E	R	S	Ð	L	T	T	G	A	Z	I	I	N	X
Q	F	I	X	V	E	T	G	Æ	N	L	L	U	F	A
J	R	T	Ð	D	Ð	S	X	X	D	L	Z	G	I	F
P	I	T	Ú	I	I	Á	S	P	R	V	Þ	L	U	S
R	Ð	É	M	Z	N	U	R	E	Æ	K	Q	T	K	L
E	U	L	A	I	G	D	C	Y	Ð	X	H	X	L	A
I	R	A	S	O	O	T	I	M	A	J	E	O	Y	P
Ð	M	T	G	S	L	V	M	S	L	R	Ó	K	E	P
I	B	B	L	Ó	N	O	D	L	E	H	I	L	Þ	A
E	B	Q	X	S	Ð	R	M	I	G	W	Z	K	N	Ð
V	F	Þ	Q	Æ	Ð	V	S	P	U	W	W	Ð	B	U
N	I	N	B	L	B	C	I	M	R	Ó	T	T	I	R
Ð	M	P	I	A	Y	H	K	L	S	P	E	N	N	T
Þ	A	K	K	L	Á	T	U	R	D	J	Ð	D	D	H

ÁST
SÆLA
LOGN
EFNI
SPENNT
GÓÐVILD
GLEÐI
ÞAKKLÁTUR
VANDRÆÐALEGUR
LEIÐINDI

FRIÐUR
ÓTTI
REIÐI
AFSLAPPAÐUR
LÉTTIR
SAMÚÐ
FULLNÆGT
EYMSLI
RÓ
SORG

78 - Natura

R	P	R	A	Þ	G	N	O	V	Þ	C	Y	F	N	F
F	V	T	K	W	V	F	B	I	Đ	J	B	E	R	C
H	H	Y	O	V	K	L	B	L	K	Y	J	G	J	O
Đ	D	Z	Þ	F	I	J	D	L	U	C	U	U	F	M
X	R	Ý	K	S	I	K	S	T	E	N	E	R	E	S
L	R	D	R	E	V	I	R	B	D	M	D	Đ	E	Y
J	E	K	U	Y	P	T	K	O	D	F	J	Ö	L	L
Y	R	U	G	U	L	F	Ý	B	F	D	H	J	Q	W
E	D	L	Ó	J	K	S	A	U	M	N	D	V	A	M
R	Y	D	K	R	Ö	M	I	Đ	Y	E	A	E	K	X
O	S	P	S	H	E	L	G	I	D	Ó	M	U	R	B
T	R	O	P	I	C	A	L	L	U	K	Ö	J	E	R
X	W	F	L	Í	F	L	E	G	T	S	T	Đ	U	U
A	R	K	T	Í	S	K	U	R	Đ	U	K	K	E	K
B	R	T	N	T	V	B	S	R	B	O	R	D	Y	U

DÝR
BÝFLUGUR
ARKTÍSKUR
FEGURÐ
EYÐIMÖRK
KVIK
ROF
RIVER
SM
SKÓGUR
JÖKULL
FJÖLL
ÞOKA
SKÝ
SKJÓL
HELGIDÓMUR
VILLT
SERENE
TROPICAL
LÍFLEGT

79 - Balletto

X	B	I	X	S	L	T	Ó	N	L	I	S	T	Á	G
F	A	Y	W	Ó	U	Á	E	E	N	E	A	F	H	H
V	L	X	Ð	L	O	J	T	V	N	S	Y	Q	O	Y
Ö	L	O	Z	Ó	M	R	H	B	Æ	G	U	H	R	G
Ð	E	X	I	K	I	E	L	K	R	Y	T	S	F	K
V	R	D	L	Á	K	S	N	Ó	T	A	T	S	E	Ó
A	Í	H	Ó	Q	R	Ð	R	V	S	H	G	E	N	R
D	N	O	F	B	B	J	A	N	I	Þ	E	Ð	D	E
T	A	X	A	Æ	R	L	R	G	L	Y	L	R	U	Ó
T	Q	D	K	I	F	G	A	A	L	G	R	I	R	G
Æ	P	H	L	Q	O	I	S	D	T	V	A	W	T	R
K	L	Æ	A	T	Y	N	N	N	S	K	N	X	I	A
N	B	F	P	T	M	J	A	G	T	Þ	G	G	Q	F
I	V	N	P	J	M	L	D	D	Í	I	I	P	Þ	Q
O	M	I	T	A	K	T	U	R	L	R	T	X	Z	B

HÆFNI
LÓFAKLAPP
LISTRÆNN
SÓLÓ
BALLERÍNA
DANSARAR
TÓNSKÁLD
KÓREÓGRAF
LÁTBRAGÐ
TIGNARLEGT
STYRKLEIKI
VÖÐVA
TÓNLIST
ÆFING
ÁHORFENDUR
TAKTUR
STÍL
TÆKNI

80 - Paesi #1

J	X	Z	Í	X	F	E	Í	R	A	K	A	P	P	Þ
I	P	A	S	K	I	G	Z	B	N	R	N	Ó	U	Ý
P	E	X	R	A	N	Y	Þ	P	L	H	R	L	B	S
M	Þ	S	A	M	N	P	D	S	B	S	I	L	Þ	K
V	A	M	E	B	L	T	W	C	E	Y	O	A	Þ	A
Í	D	L	L	Ó	A	A	Þ	Đ	Z	N	V	N	M	L
E	A	W	Í	D	N	L	A	N	V	D	E	D	D	A
T	N	Đ	C	Í	D	A	Í	W	J	H	B	G	N	N
N	A	R	D	A	V	N	N	Á	P	S	R	G	A	D
A	K	F	U	O	B	D	E	T	R	O	A	Đ	L	L
M	Đ	T	Đ	G	J	H	M	J	T	G	S	X	D	Z
U	G	V	E	N	E	S	Ú	E	L	A	I	B	N	F
P	A	N	A	M	A	R	R	N	D	W	L	B	I	A
T	G	O	Đ	Ó	K	K	O	R	A	M	Í	F	Đ	M
L	Í	B	Ý	A	H	J	B	N	V	L	A	U	S	Þ

BRASILÍA
KAMBÓDÍA
KANADA
EGYPTALAND
FINNLAND
ÞÝSKALAND
INDLAND
ÍRAK
ÍSRAEL
LÍBÝA
MALÍ
MAROKKÓ
NOREGUR
PANAMA
PÓLLAND
RÚMENÍA
SENEGAL
SPÁNN
VENESÚELA
VÍETNAM

81 - Geometria

Þ	M	A	Ð	I	L	H	M	A	S	F	P	E	A	A
V	L	I	Y	C	F	D	L	L	A	F	T	U	L	H
E	Á	Ð	Ð	N	Q	T	D	P	M	Þ	Ú	Y	L	R
R	R	Æ	S	G	Ú	C	M	Í	H	R	T	J	I	W
M	É	R	K	N	I	M	Ð	K	V	Í	R	E	R	H
Á	T	F	P	I	T	L	E	S	E	H	E	K	E	A
L	T	K	Y	R	U	H	D	R	R	Y	I	E	F	W
L	T	Ö	F	H	L	E	R	I	F	R	K	N	O	Þ
S	É	R	I	J	H	E	X	W	U	N	N	N	N	V
S	R	A	R	H	O	R	N	Þ	J	I	I	I	D	J
V	Ð	R	B	I	N	H	Æ	Ð	A	N	N	N	D	Z
T	Ó	U	O	U	B	A	Ð	U	F	G	G	G	O	V
N	L	Q	R	K	Y	K	Q	X	N	U	U	J	L	G
A	B	R	Ð	B	O	U	W	S	A	R	S	T	M	O
R	M	C	N	K	P	W	R	T	K	N	X	Y	T	N

HÆÐ
HORN
ÚTREIKNING
HRING
FERILL
ÞVERMÁL
VÍDD
JAFNA
RÖKFRÆÐI
MIÐGILDI
NÚMER
LÁRÉTT
SAMHLIÐA
HLUTFALL
HLUTI
SAMHVERFU
YFIRBORÐ
KENNING
ÞRÍHYRNINGUR
LÓÐRÉTT

82 - Foresta Pluviale

J	O	F	F	R	O	S	K	D	Ý	R	F	V	S	T
D	Ý	R	M	Æ	T	U	R	N	K	F	J	E	K	K
G	X	A	M	Y	T	L	A	U	S	R	Ö	Ð	O	B
A	Ð	V	S	V	A	S	L	G	D	U	L	U	R	O
L	E	H	I	I	K	I	G	E	I	M	B	R	D	T
É	Þ	T	Q	R	P	E	U	T	L	S	R	F	Ý	A
F	Y	A	M	Ð	B	V	F	A	N	K	E	A	R	N
M	O	S	S	I	E	Ð	Þ	D	Z	Ó	Y	R	R	I
A	T	F	V	N	F	R	I	U	U	G	T	Z	A	C
S	L	Ð	J	G	H	A	Þ	M	V	U	N	D	Þ	A
P	V	Q	Y	D	C	V	I	X	I	R	I	C	W	L
L	U	N	J	N	S	P	E	N	D	Ý	R	A	F	H
F	Z	S	H	N	Á	T	T	Ú	R	A	N	B	Y	N
E	N	D	U	R	R	E	I	S	N	U	F	I	L	Ð
F	R	U	M	B	Y	G	G	J	A	E	W	I	W	K

FROSKDÝR
BOTANICAL
VEÐURFAR
SAMFÉLAG
FJÖLBREYTNI
FRUMSKÓGUR
FRUMBYGGJA
SKORDÝR
SPENDÝR
MOSS
NÁTTÚRAN
SKÝ
VARÐVEISLU
DÝRMÆTUR
ENDURREISN
ATHVARF
VIRÐING
LIFUN
TEGUND
FUGLAR

83 - Edifici

V	E	R	K	S	M	I	Ð	J	U	P	A	Y	H	P
U	Ð	Y	F	S	Ú	H	A	R	K	Ú	J	S	Á	P
Y	L	N	R	A	F	H	Þ	O	Þ	B	V	D	S	Z
O	B	S	E	R	V	A	T	O	R	Y	Y	B	K	S
N	S	Ú	H	K	I	E	L	E	T	Ó	H	Æ	Ó	Ú
W	E	Y	M	A	L	B	D	Þ	O	E	Q	R	L	H
R	N	F	A	S	A	V	Ö	L	L	I	N	N	I	A
C	D	J	X	B	T	R	C	U	Ð	S	P	L	E	D
S	I	P	Z	S	S	H	G	Z	N	X	T	U	R	N
K	R	P	Þ	D	A	B	D	I	C	Ð	C	Ð	Ð	Y
Ó	Á	X	Þ	X	K	N	J	L	O	S	Z	Ö	Z	M
L	Ð	F	N	X	Þ	K	D	H	A	F	E	L	K	K
I	Ð	Ú	F	E	Ð	I	T	O	N	J	R	H	M	I
K	Ð	Ú	B	U	R	Ö	V	T	A	M	T	O	I	V
P	T	Y	Þ	Í	V	U	W	P	N	S	N	Z	H	K

SENDIRÁÐ
ÍBÚÐ
KLEFA
HÚS
KASTALI
KVIKMYNDAHÚS
VERKSMIÐJU
BÆR
HLÖÐU
HÓTEL
SAFN
SJÚKRAHÚS
OBSERVATORY
SKÓLI
VÖLLINN
MATVÖRUBÚÐ
LEIKHÚS
TJALD
TURN
HÁSKÓLI

84 - Malattia

S	N	N	B	M	R	B	H	J	A	R	T	A	W	L
M	U	G	N	U	L	I	R	G	T	R	L	N	B	Í
I	P	N	M	Þ	W	R	L	Á	I	M	O	S	V	K
T	G	A	K	Ó	N	Æ	M	I	Ð	Þ	P	C	W	A
A	H	Ð	N	Q	H	F	M	E	Ð	F	E	R	Ð	M
N	G	Í	G	E	E	R	C	Z	L	P	S	U	O	I
D	H	L	U	J	I	A	U	A	J	G	P	A	D	M
I	H	L	Ó	F	L	N	N	R	A	B	M	U	L	Æ
P	Ð	E	K	B	K	U	Y	U	Í	A	U	H	R	N
U	O	V	Q	Y	E	D	Y	V	R	S	D	O	M	F
J	J	I	H	Y	N	N	M	X	E	L	O	Q	O	O
L	N	N	U	Z	N	Ö	B	J	T	I	H	F	Y	C
Q	I	X	J	P	I	O	X	E	K	E	K	V	Þ	B
A	R	F	G	E	N	G	U	R	A	H	Þ	A	R	T
K	V	I	Ð	M	Ð	G	A	D	B	E	P	X	R	J

BRÁÐ
KVIÐ
OFNÆMI
BAKTERÍA
VELLÍÐAN
SMITANDI
LÍKAMI
HJARTA
VEIK
ARFGENGUR
ÓNÆMI
BÓLGA
LUMBAR
LUNGUM
ÖNDUNARFÆRI
HEILSA
HEILKENNI
MEÐFERÐ

85 - Paesi #2

X	W	Đ	M	T	Y	P	R	X	G	H	W	L	D	A
L	A	P	E	N	S	I	A	Ú	Þ	Þ	X	Z	Y	Í
J	N	N	X	A	U	N	I	K	S	S	Ú	D	A	N
A	Í	S	Í	P	S	X	Þ	W	I	S	T	P	M	A
M	A	Y	K	A	E	T	V	Y	P	S	L	K	B	B
A	R	E	Ó	J	Þ	H	V	G	Z	Đ	T	A	H	L
Í	K	G	Þ	N	S	Ý	R	L	A	N	D	A	N	A
K	Ú	G	G	Í	B	J	I	F	Í	F	N	D	N	D
A	B	S	O	M	Ó	X	Q	E	R	L	A	P	G	N
Q	K	A	I	K	V	P	P	T	E	A	L	X	Þ	A
N	Í	G	E	R	Í	A	Í	U	B	O	R	U	R	G
T	I	Đ	G	M	U	Q	K	A	Í	S	Í	L	F	Ú
H	A	Í	T	Í	G	D	N	A	L	K	K	I	R	G
Y	O	J	I	N	D	Ó	N	E	S	Í	A	E	H	Q
D	A	N	M	Ö	R	K	L	F	X	H	E	A	Đ	K

ALBANÍA
DANMÖRK
EÞÍÓPÍA
JAMAÍKA
JAPAN
GRIKKLAND
HAÍTÍ
INDÓNESÍA
ÍRLAND
LAOS
LÍBERÍA
MEXÍKÓ
NEPAL
NÍGERÍA
PAKISTAN
RÚSSLAND
SÝRLAND
SÚDAN
ÚKRAÍNA
ÚGANDA

86 - Tipi di Capelli

O	S	L	J	Ó	S	H	Æ	R	Ð	U	R	Á	R	G
I	Z	K	S	T	U	T	T	Z	G	M	U	A	V	F
V	F	P	Ö	L	A	N	G	T	K	N	Ð	I	G	G
U	G	F	M	L	K	R	U	L	L	A	G	Þ	Þ	Z
F	G	N	F	L	L	W	Q	Q	F	L	I	R	W	F
T	G	Þ	Q	E	S	Ó	E	C	Q	T	R	A	V	S
E	A	K	L	N	O	I	T	N	Ú	R	B	S	M	W
J	I	A	V	A	V	T	L	T	T	É	L	S	U	S
F	L	É	T	T	U	R	H	F	U	Þ	I	R	B	V
M	U	T	T	É	L	F	V	Y	U	R	E	R	K	Q
M	J	L	I	T	A	Ð	Í	R	X	R	H	Þ	I	H
X	I	Ú	E	Ð	V	N	T	M	K	U	D	L	Þ	A
Ð	I	K	K	O	R	H	U	I	U	Þ	F	C	L	L
Ð	X	U	O	U	N	E	R	U	N	N	U	Þ	P	I
H	J	H	M	G	R	U	K	K	Y	Þ	T	N	F	S

SILFUR
ÞURR
HVÍTUR
LJÓSHÆRÐUR
STUTT
SKÖLLÓTTUR
LITAÐ
GRÁR
FLÉTTUM
SLÉTT
LANGT
BRÚNT
MJÚKUR
SVART
HROKKIÐ
KRULLA
HEILBRIGÐUR
ÞUNNUR
ÞYKKUR
FLÉTTUR

87 - Vestiti

S	G	A	U	Q	H	U	J	D	Þ	T	G	S	G	A
Z	M	A	P	D	Q	A	A	T	T	Í	A	Y	P	R
V	V	Q	N	F	B	K	T	W	Ð	S	L	F	L	M
J	X	Þ	T	Ð	I	Á	R	T	R	K	L	A	F	B
B	L	Ú	S	S	A	P	Y	T	U	A	A	V	H	A
N	L	D	A	Ð	Q	U	K	Y	H	R	B	F	N	N
S	Ó	P	O	H	Á	L	S	M	E	N	U	R	D	D
B	J	I	K	K	A	J	L	M	U	T	X	D	Ð	C
E	K	L	N	Á	T	T	F	Ö	T	R	U	A	N	I
L	W	S	A	K	U	K	H	M	N	E	R	Ó	K	S
T	P	X	S	C	L	M	F	U	U	F	U	X	D	C
I	H	E	X	K	E	C	V	E	V	I	X	Þ	V	U
Þ	B	F	Y	U	Ó	I	B	Q	S	L	U	X	E	J
K	N	U	O	S	T	V	X	A	Z	D	B	H	X	P
W	Y	C	I	Z	A	K	S	N	A	H	A	I	Y	Y

KJÓLL
ARMBAND
BLÚSSA
SKYRTA
HATTUR
KÁPU
BELTI
HÁLSMEN
JAKKI
PILS
SVUNTU
HANSKA
GALLABUXUR
PEYSA
TÍSKA
BUXUR
NÁTTFÖT
SKÓ
SKÓR
TREFIL

88 - Attività e Tempo Libero

G	Ú	T	J	Æ	Ð	A	B	W	N	U	F	Ö	K	A
V	Ö	S	N	R	Z	G	A	L	S	R	E	V	Ö	F
V	D	N	U	S	E	L	F	D	A	M	E	I	R	S
M	E	X	G	R	M	W	N	C	U	K	R	T	F	L
Á	E	I	R	U	Á	H	U	G	A	M	Á	L	U	A
L	T	J	Ð	I	F	L	O	G	Q	H	F	O	B	P
V	T	T	U	I	O	E	Þ	T	J	T	E	B	O	P
E	A	J	K	R	Y	Ð	R	A	G	J	R	A	L	A
R	E	E	O	Þ	F	T	Z	Ð	S	H	Ð	N	T	N
K	A	C	I	S	J	P	B	D	I	P	A	F	I	D
Þ	Y	W	Ð	W	I	R	N	N	N	R	S	A	A	I
L	I	S	T	I	U	F	K	U	N	Q	T	H	N	Y
O	R	A	K	I	E	L	A	F	E	N	H	I	Q	H
N	R	O	W	I	T	L	O	B	T	Ó	F	T	X	Q
W	L	X	M	I	S	U	J	W	H	Ð	Þ	Y	L	C

LIST
HAFNABOLTI
KÖRFUBOLTI
HNEFALEIKAR
FÓTBOLTI
ÚTJÆÐA
GÖNGUFERÐIR
GARÐYRKJA
GOLF
ÁHUGAMÁL
KÖFUN
SUND
BLAK
VEIÐI
MÁLVERK
AFSLAPPANDI
VERSLA
TENNIS
FERÐAST

89 - Arte

M	T	K	N	X	A	S	Ý	L	E	W	T	O	K	P
Þ	Á	S	J	Ó	N	R	Æ	N	J	D	O	R	E	Q
V	R	L	Y	T	U	Þ	H	U	Y	Ó	D	I	R	J
E	U	Z	V	G	K	A	F	D	L	Ð	Ð	G	A	P
E	G	K	D	E	Ð	G	F	W	R	R	I	I	M	Z
S	E	G	Ð	L	R	K	E	H	F	A	N	N	I	L
F	L	W	V	U	Z	K	U	J	J	G	N	L	K	S
L	R	B	D	N	Y	M	G	G	Ö	H	B	E	L	K
Ó	A	X	K	Ó	T	V	L	F	L	F	L	G	H	A
K	Ð	I	R	S	F	Á	S	Þ	V	Z	Á	T	B	P
I	I	A	G	R	Y	A	K	Q	M	W	S	E	O	O
Ð	E	Þ	H	E	L	U	E	N	Y	S	T	R	Y	P
B	H	Þ	L	P	Q	Y	F	H	N	D	U	D	Q	M
E	I	N	F	A	L	T	N	G	D	F	R	I	T	Z
V	C	Q	P	W	G	N	I	N	T	E	S	M	A	S

KERAMIK
FLÓKIÐ
SAMSETNING
MÁLVERK
SEGÐ
MYND
INNBLÁSTUR
HEIÐARLEGUR
ORIGINLEGT
PERSÓNULEGT
LJÓÐ
LÝSA
HÖGGMYND
EINFALT
TÁKN
EFNI
SKAP
SJÓNRÆN

90 - Meteo

Q	L	Á	M	N	R	Ó	J	T	S	N	D	M	L	Þ
I	A	Z	T	Þ	Þ	V	N	H	S	H	R	S	L	U
R	C	F	S	F	V	P	W	C	I	U	X	N	Q	R
H	I	M	I	N	N	G	O	L	E	Ð	G	Q	J	R
T	P	R	U	L	Y	B	I	L	L	E	F	U	H	K
Þ	O	E	Q	Þ	Ð	S	C	U	A	W	F	V	I	A
L	R	U	D	N	I	V	Y	W	K	R	I	E	T	R
M	T	U	T	O	R	N	A	D	O	Q	G	Ð	A	I
J	R	N	M	S	U	S	S	D	N	V	O	U	S	O
T	R	L	O	U	M	K	Q	G	S	C	B	R	T	Ð
C	U	Þ	B	Þ	R	M	O	N	S	Ú	N	F	I	H
S	Þ	G	Þ	I	O	J	R	I	Z	Í	G	A	G	A
K	Y	Z	Ó	D	T	K	D	D	T	E	E	R	B	Þ
Ý	P	N	K	Q	S	B	Þ	L	S	A	R	M	X	O
Þ	V	P	A	G	O	L	A	E	F	J	F	N	E	X

REGNBOGI
ÞURRT
STJÓRNMÁL
GOLA
HIMINN
VEÐURFAR
ELDING
ÍS
MONSÚN
ÞÓKA
SKÝ
POLAR
ÞURRKAR
HITASTIG
STORMUR
TORNADO
TROPICAL
ÞRUMUR
FELLIBYLUR
VINDUR

91 - Corpo Umano

Ö	Z	W	F	D	G	D	P	O	S	M	H	F	E	N
Y	K	E	F	Þ	H	O	X	R	W	F	Ö	I	Q	W
V	Z	K	S	M	Ö	Y	Z	U	R	Ó	F	N	S	U
E	X	K	L	É	N	H	H	R	Þ	T	U	G	D	O
B	B	H	Á	A	D	A	F	E	T	U	Ð	U	X	P
M	Þ	Þ	H	G	Y	H	K	Þ	I	R	G	R	M	F
Q	O	R	Z	U	K	Ö	H	G	L	L	R	D	U	Q
M	J	N	N	A	L	S	Ð	E	D	X	I	W	N	A
O	L	N	B	O	G	A	V	Y	N	Ö	G	I	N	E
G	U	A	N	A	B	V	X	R	A	Ð	A	I	U	F
E	Q	O	T	T	L	Ð	F	A	D	H	M	J	R	P
E	S	Q	H	F	Ó	G	X	Ð	D	F	Ú	K	K	F
T	R	A	L	Q	Ð	H	J	A	R	T	A	Ð	P	G
J	N	C	P	Q	Ð	E	A	Ð	Z	A	X	B	M	V
R	P	Q	L	B	N	Y	O	M	L	J	J	U	R	Q

MUNNUR
ÖKKLA
HEILI
HÁLS
HJARTA
FINGUR
ANDLIT
FÓTUR
HNÉ
OLNBOGA

HÖND
HÖKU
NEF
AUGA
EYRA
HÚÐ
BLÓÐ
ÖXL
MAGI
HÖFUÐ

92 - Mammiferi

Ú	F	J	R	D	F	Z	F	L	D	G	H	S	J	M
H	L	K	W	U	Z	W	Í	J	A	Í	Ö	L	B	C
X	V	F	S	M	H	Đ	L	Ó	T	R	F	É	P	F
H	U	A	U	U	H	X	Z	N	T	A	R	T	U	Y
F	H	N	L	R	U	T	S	E	H	F	U	T	Z	M
Y	Z	Í	O	U	R	A	D	T	Þ	F	N	U	E	C
Đ	Z	N	P	Z	R	H	R	F	Q	I	G	Ú	B	O
M	I	A	R	Ú	G	N	E	K	M	K	U	L	R	O
Đ	M	K	U	X	O	R	D	G	N	I	R	F	A	B
N	A	U	T	H	Z	Ö	M	Á	A	N	U	U	C	H
A	C	F	T	U	Đ	J	K	X	D	D	F	R	Z	Z
A	P	I	Ö	N	B	B	N	U	Q	Ý	E	D	H	C
L	Þ	O	K	D	A	E	A	L	L	I	R	Ó	G	V
B	Þ	H	Đ	U	S	C	V	Z	C	C	P	O	Y	K
J	V	U	F	R	L	R	H	V	K	B	Q	M	N	Đ

HVALUR
HUNDUR
KENGÚRA
HESTUR
DÁDÝR
KANÍNA
SLÉTTUÚLFUR
HÖFRUNGUR
FÍL
KÖTTUR
GÍRAFFI
GÓRILLA
LJÓN
ÚLFUR
BJÖRN
KIND
API
NAUT
REFUR
ZEBRA

93 - Cucina

H	C	U	Q	K	A	L	L	O	B	V	D	Í	X	G
N	Y	Ð	T	Ö	M	U	T	N	U	V	S	S	V	R
Í	I	Ð	F	N	I	T	S	Y	R	F	Y	S	W	I
F	E	T	I	N	Ð	C	R	A	Ð	I	E	K	S	L
A	G	S	R	U	P	M	A	V	S	H	U	Á	K	L
T	K	Ð	K	K	R	U	K	K	U	R	J	P	R	L
J	J	P	S	J	A	T	F	C	X	Z	R	U	O	I
Q	V	J	P	Ð	Y	U	S	U	Þ	S	A	R	F	T
K	B	J	P	S	E	R	V	Í	E	T	T	A	G	E
U	R	C	U	K	Ð	D	B	B	E	U	E	N	I	K
F	O	Y	Þ	I	W	I	S	J	O	T	Z	N	L	Ð
S	N	V	D	Y	F	U	M	Þ	F	Q	D	I	D	P
P	K	E	L	D	U	H	J	E	N	G	H	P	C	T
Q	O	Á	Þ	Y	O	H	X	G	I	G	K	U	Z	J
X	R	K	L	Z	C	H	Y	T	M	A	T	U	R	K

PINNAR
KETILL
KÖNNU
MATUR
SKÁL
HNÍFA
FRYSTI
SKEIÐAR
FORKS
OFN
ÍSSKÁPUR
SVUNTU
GRILL
AUSA
UPPSKRIFT
KRYDD
SVAMPUR
BOLLA
SERVÍETTA
KRUKKU

94 - Giardinaggio

H	F	Ó	Z	H	Y	J	Þ	Y	Q	I	L	L	Đ	K
U	R	T	H	B	L	Ó	M	S	T	R	A	A	A	D
Y	Æ	Z	I	R	H	I	S	Q	Á	A	N	E	U	I
M	C	X	D	A	E	S	E	C	L	T	U	S	H	F
V	A	T	N	F	B	I	L	P	Í	L	G	I	W	V
V	I	K	A	R	R	L	N	I	P	O	N	Y	X	U
Ö	E	X	M	U	Q	L	Ó	I	Z	M	Ö	K	A	F
N	Q	Þ	A	Đ	H	V	N	M	N	Đ	L	E	I	Q
D	I	Þ	R	E	H	J	J	V	A	D	S	Y	K	Þ
H	G	J	F	V	Đ	E	V	N	O	P	I	R	D	L
B	O	T	A	N	I	C	A	L	T	E	G	U	N	D
M	B	G	X	H	J	A	R	Đ	V	E	G	U	R	N
Æ	T	U	R	I	M	M	H	Þ	Q	R	V	C	H	H
K	O	A	H	Đ	P	Þ	H	F	M	H	C	M	G	J
A	L	D	I	N	G	A	R	Đ	U	R	U	H	F	Z

VATN
BOTANICAL
VEÐURFAR
ÆTUR
MOLTA
ÍLÁT
FRAMANDI
BLÓMSTRA
BLÓMA
LAUF

SM
ALDINGARÐUR
VÖND
FRÆ
TEGUND
ÓHREININDI
OPIN
JARÐVEGUR
SLÖNGUNA
RAKI

95 - Universo

L	C	H	Þ	F	D	M	H	S	K	Þ	Z	Z	Z	G
P	G	L	Ó	S	D	L	N	I	A	R	Ð	N	T	B
S	M	Á	S	T	I	R	N	I	M	H	J	Q	X	E
E	O	M	L	G	E	I	K	U	A	N	Ó	J	S	E
C	V	N	O	E	R	R	Z	I	Þ	S	E	Þ	Þ	Q
L	R	R	Q	L	B	U	U	O	O	Ð	A	T	M	M
F	Z	Ó	M	N	Z	G	G	Ð	M	A	R	Z	I	S
Þ	L	J	N	Ý	B	U	W	A	Ö	D	Ý	R	I	R
S	U	T	K	S	G	A	Þ	S	L	T	U	N	G	L
O	P	S	Y	E	M	B	F	R	C	A	S	U	D	F
G	W	W	N	R	A	Ð	R	A	J	G	X	L	W	Q
C	O	S	M	I	C	I	F	F	W	Þ	V	Y	Ó	Z
H	I	M	I	N	N	M	T	M	Y	R	K	U	R	S
S	T	J	Ö	R	N	U	F	R	Æ	Ð	I	Þ	Þ	N
D	N	P	L	E	N	G	D	A	R	G	R	Á	Ð	U

SMÁSTIRNI
STJÖRNUFRÆÐI
STJÓRNMÁL
MYRKUR
HIMNETI
HIMINN
COSMIC
JARÐAR
EON
MIÐBAUGUR

GALAXY
BREIDD
LENGDARGRÁÐU
TUNGL
SÓL
SÓLSTÖÐUR
SJÓNAUKI
SÝNLEGT
DÝRIR

96 - Jazz

Z	B	T	I	E	V	S	M	Ó	J	L	H	U	T	Ð
G	Z	E	T	Ó	N	S	K	Á	L	D	E	X	A	W
Þ	Þ	G	S	P	U	N	I	T	Æ	K	N	I	K	Z
W	Q	U	I	T	M	T	I	E	R	C	B	P	T	E
K	N	N	L	Ó	F	A	K	L	A	P	P	T	U	Y
Þ	C	D	N	J	V	F	I	U	G	C	Þ	X	R	Z
P	Á	K	Ó	J	Y	D	E	N	T	Þ	Z	Þ	S	U
N	L	H	T	I	T	Æ	L	R	I	T	F	E	H	L
G	L	Ö	E	V	I	Ð	I	D	L	R	M	S	H	Y
Z	A	Þ	T	R	P	I	F	N	Ý	T	T	T	M	M
I	M	S	L	U	S	T	Æ	J	X	Ð	A	Í	L	N
M	A	T	D	G	A	L	H	K	K	Þ	O	L	S	K
U	G	L	Y	Æ	Ð	R	A	K	I	E	L	N	Ó	T
E	Q	B	X	R	U	Ð	A	M	A	T	S	I	L	Z
S	D	S	F	F	S	A	M	S	E	T	N	I	N	G

PLÖTU
LÓFAKLAPP
LISTAMAÐUR
LAG
TÓNSKÁLD
SAMSETNING
TÓNLEIKAR
ÁHERSLA
FRÆGUR
TEGUND
SPUNI
TÓNLIST
NÝTT
HLJÓMSVEIT
EFTIRLÆTI
TAKTUR
STÍL
HÆFILEIKI
TÆKNI
GAMALL

97 - Attività

G	T	Í	M	I	S	T	R	Y	X	E	B	T	V	G
B	M	W	A	L	H	L	X	M	P	Đ	X	X	E	Ö
R	P	R	Z	O	Y	J	X	Z	Þ	U	B	X	I	N
K	I	Þ	N	U	D	N	Y	M	S	Ó	J	L	Đ	G
Y	E	H	K	R	E	V	D	N	A	H	Z	K	I	U
R	Þ	R	U	D	L	A	G	N	U	K	Ö	L	S	F
C	H	Đ	A	J	B	F	Á	H	M	D	B	V	Đ	E
L	M	A	N	M	X	A	S	N	A	D	X	E	V	R
Y	I	N	K	R	I	V	V	Þ	Æ	G	E	I	B	Đ
U	N	S	E	L	F	K	E	O	Đ	G	Z	Đ	P	I
K	F	B	T	Ú	T	J	Æ	Đ	A	K	J	A	T	R
A	Æ	O	B	V	W	O	H	R	I	T	U	A	R	Þ
T	H	S	J	S	F	T	C	G	O	W	H	G	M	R
G	A	R	Đ	Y	R	K	J	A	B	W	P	R	A	U
N	B	G	L	E	I	K	I	R	U	T	S	E	L	Đ

HÆFNI
LIST
HANDVERK
VIRKNI
VEIÐA
ÚTJÆÐA
KERAMIK
SAUMA
DANSA
GÖNGUFERÐIR
LJÓSMYNDUN
GARÐYRKJA
LEIKIR
LESTUR
GALDUR
VEIÐI
ÁNÆGJA
ÞRAUTIR
SLÖKUN
TÍMIST

98 - Diplomazia

H	M	A	N	N	R	Æ	Ð	I	J	H	Þ	X	K	J
U	E	X	S	R	Í	K	I	S	S	T	J	Ó	R	N
M	T	I	R	E	Á	L	Y	K	T	U	N	M	Þ	D
R	A	Ð	L	K	N	M	H	H	Ð	D	V	A	O	I
Æ	A	G	A	I	N	D	S	A	M	S	T	A	R	F
Ð	K	G	T	Ð	N	C	I	V	I	C	Ð	E	W	A
A	S	Q	X	X	G	D	O	R	L	A	U	S	N	J
B	I	A	C	X	C	B	I	H	Á	T	P	M	X	G
B	L	Á	M	N	R	Ó	J	T	S	Ð	O	M	M	Ð
A	Á	A	W	F	B	O	R	G	A	R	A	R	U	Á
H	M	A	O	R	É	S	I	Ð	F	R	Æ	Ð	I	R
Á	T	P	U	Q	R	L	R	É	T	T	L	Æ	T	I
T	T	S	K	C	I	T	A	M	O	L	P	I	D	E
Ö	Á	E	A	L	X	Y	I	G	G	Y	R	Ö	L	G
K	S	S	E	N	D	I	H	E	R	R	A	N	D	V

SENDIRÁÐ
SENDIHERRA
BORGARAR
CIVIC
SAMFÉLAG
ÁTÖK
RÁÐGJAFI
SAMSTARF
DIPLOMATIC
UMRÆÐA
SIÐFRÆÐI
RÉTTLÆTI
RÍKISSTJÓRN
HEILINDI
STJÓRNMÁL
ÁLYKTUN
ÖRYGGI
LAUSN
SÁTTMÁLI
MANNRÆÐI

99 - Forniture Artistiche

S	W	U	I	L	J	B	L	E	K	K	I	Đ	Þ	P
T	H	F	Þ	Í	Z	B	O	Y	M	U	D	I	C	A
Ó	K	F	C	M	R	N	K	W	I	L	C	Đ	E	S
L	Ý	R	K	A	M	Y	N	D	A	V	É	L	T	T
I	J	Q	Y	J	V	P	E	E	O	S	D	E	D	E
B	L	Ý	A	N	T	A	R	Í	P	P	A	P	G	L
D	X	K	B	U	K	H	G	L	Æ	S	L	A	B	L
R	Q	Z	R	P	L	C	U	Đ	R	L	H	S	R	I
S	F	B	C	Ö	Z	N	Y	G	B	P	L	E	N	T
D	Þ	Þ	H	K	Y	F	B	S	M	J	H	Z	A	I
V	A	T	N	S	L	I	T	I	R	Y	V	W	L	R
P	R	U	Đ	E	L	K	O	R	T	S	N	A	N	H
Đ	X	H	V	M	C	E	O	L	Í	A	B	D	T	B
B	U	R	S	T	A	R	I	Y	L	I	T	I	I	N
X	W	N	E	R	G	G	Đ	R	O	B	O	F	O	R

VATN
VATNSLITIR
AKRÝL
LEIR
KOL
PAPPÍR
GLÆSLA
LÍM
LITI
SKÖPUN
STROKLEÐUR
HUGMYNDIR
BLEK
BLÝANTAR
OLÍA
PASTELLITIR
STÓL
BURSTAR
BORÐ
MYNDAVÉL

100 - Misurazioni

G	X	N	B	H	V	X	S	F	I	A	S	N	Ú	K
T	A	Đ	Á	R	G	U	X	Þ	V	T	S	L	L	Í
Đ	K	Í	L	Ó	E	U	O	P	I	Ú	E	D	S	L
F	G	Đ	G	T	V	I	K	Þ	U	N	N	Ý	F	Ó
A	Đ	V	W	Þ	P	T	D	Q	V	Í	T	P	H	M
M	K	A	A	J	P	V	L	D	C	M	I	T	Æ	E
J	J	T	M	I	Đ	Þ	Y	N	G	D	M	F	Đ	T
J	R	O	T	Æ	Y	K	D	U	D	L	E	A	E	R
Y	Z	N	G	S	L	T	O	M	M	U	T	T	R	A
V	Y	N	B	L	B	I	D	N	I	B	R	S	G	G
H	Q	P	F	E	Æ	R	R	E	E	Đ	I	A	C	N
L	Đ	S	H	N	T	T	U	I	I	Q	B	K	N	G
B	Đ	G	C	G	I	Í	B	Þ	A	P	J	U	V	Q
R	F	O	K	D	Y	L	G	Þ	X	A	R	A	Y	S
H	Á	L	F	P	O	T	T	U	R	W	J	C	T	M

HÆÐ
BÆTI
SENTIMETR
KÍLÓ
KÍLÓMETRA
AUKASTAF
GRÁÐA
GRAMM
BREIDD
LÍTRI
LENGD
MÆLIR
MÍNÚTA
ÚNSA
ÞYNGD
HÁLFPOTTUR
TOMMU
DÝPT
TONN
BINDI

1 - Scacchi

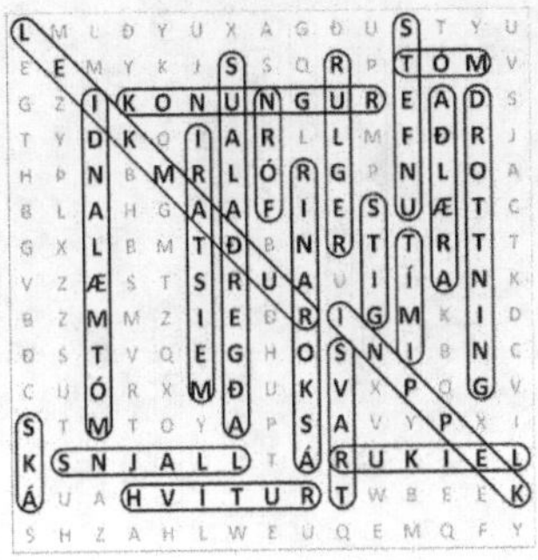

2 - Salute e Benessere #2

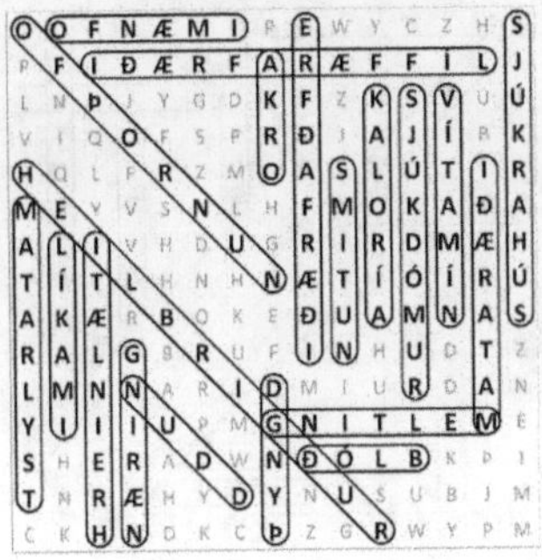

3 - Aggettivi #2

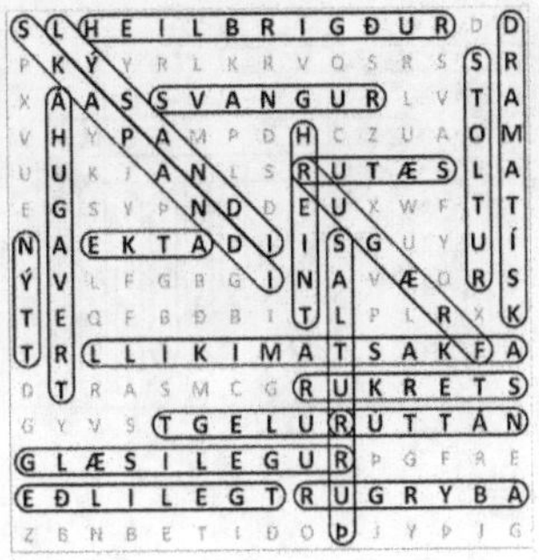

4 - Ingegneria

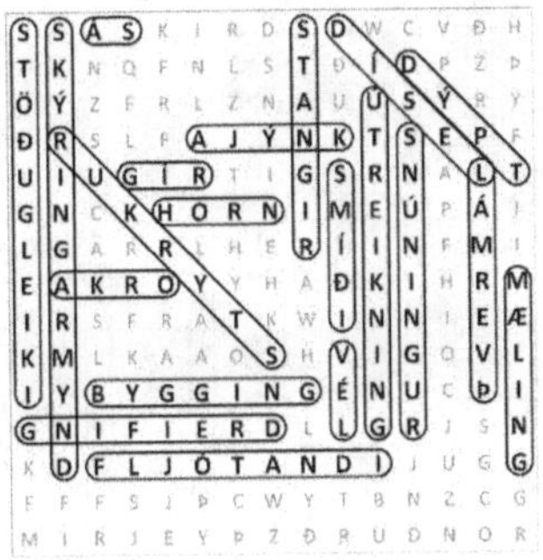

5 - Archeologia

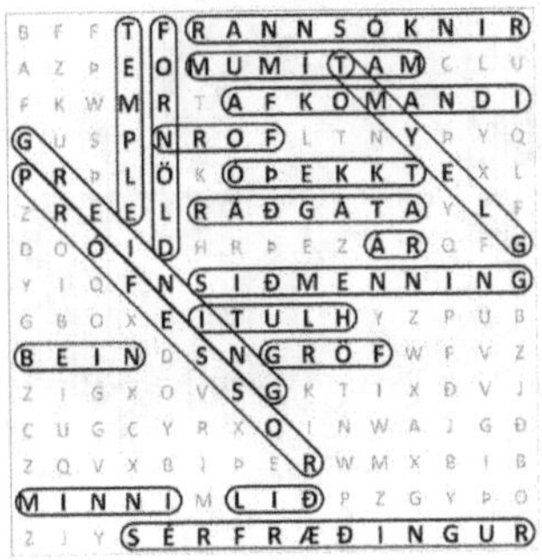

6 - Salute e Benessere #1

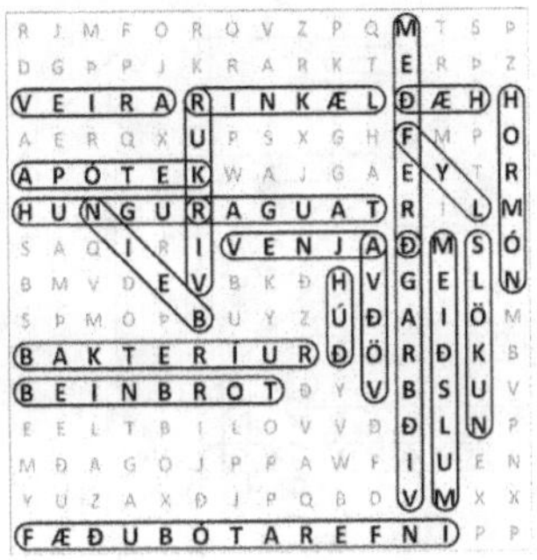

7 - Aggettivi #1

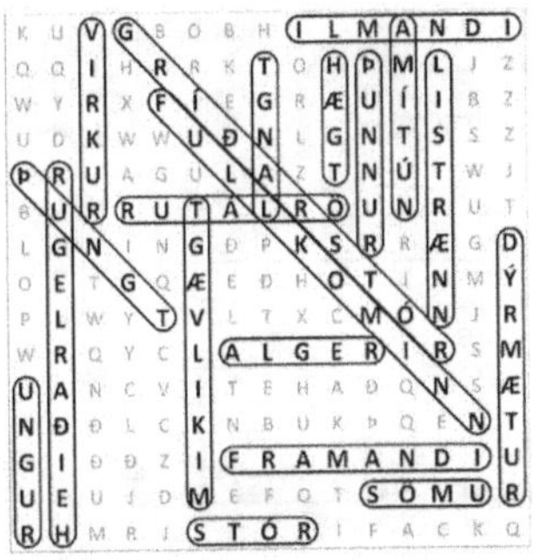

8 - Geologia

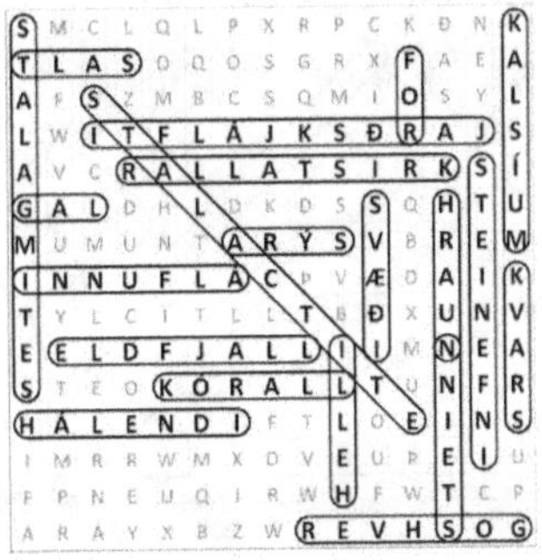

9 - Campeggio

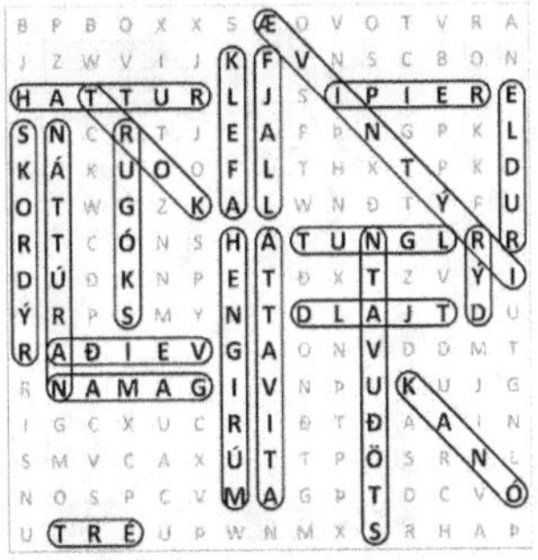

10 - Arti Visive

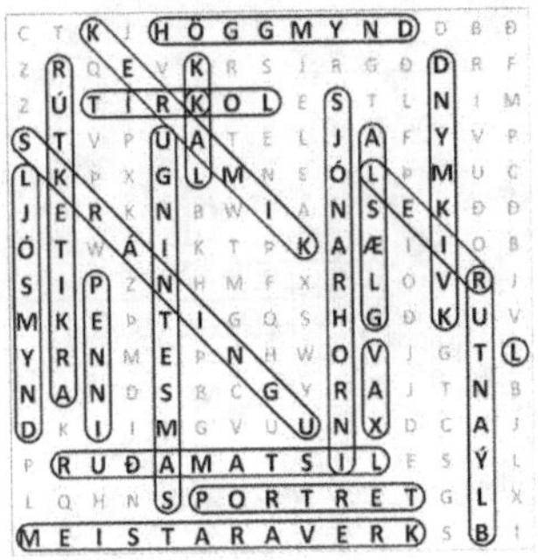

11 - Tempo

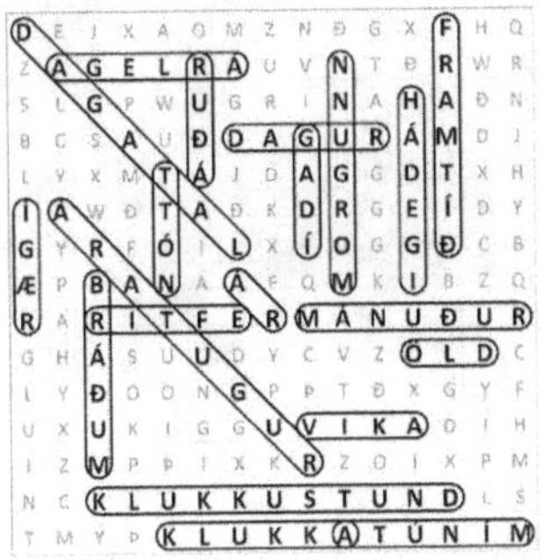

12 - Astronomia

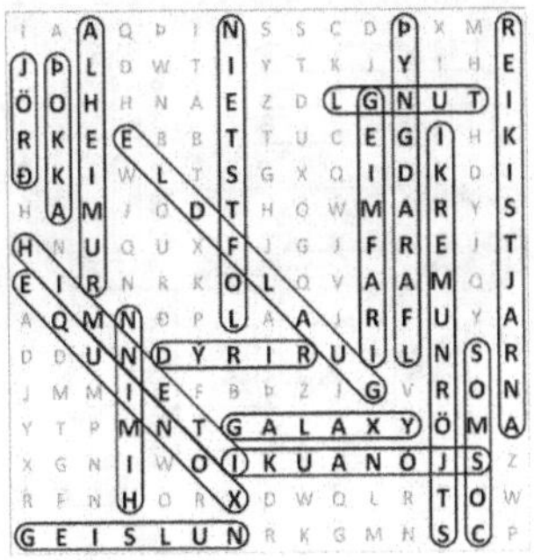

13 - Algebra

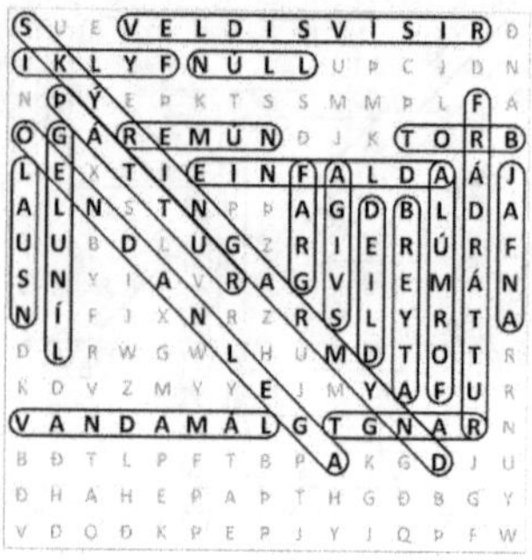

14 - Mitologia

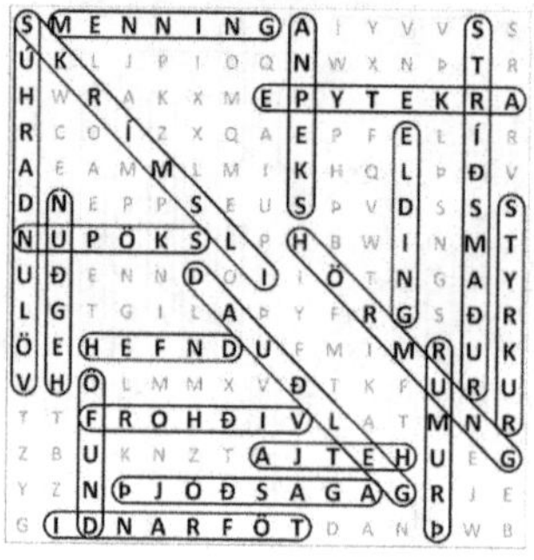

15 - Piante

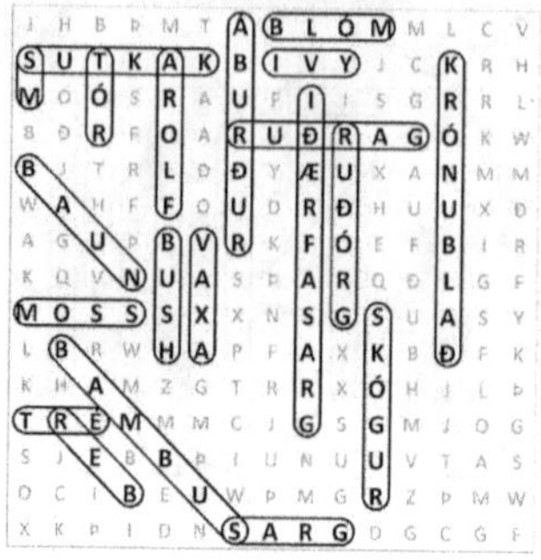

16 - Spezie

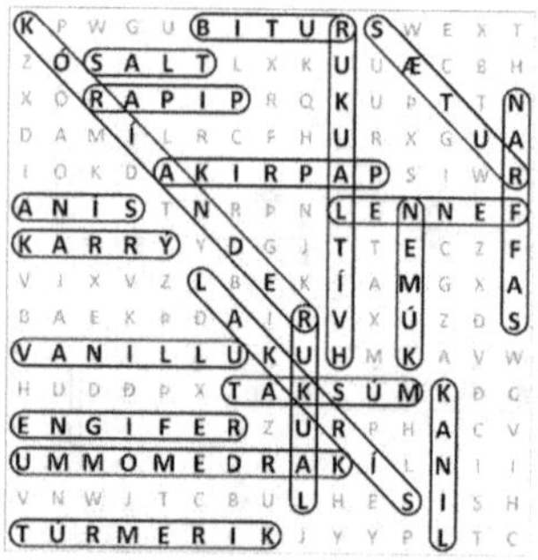

17 - Numeri

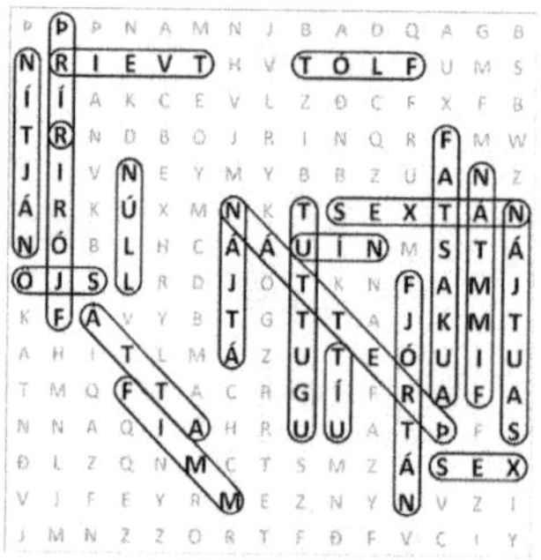

18 - Cioccolato

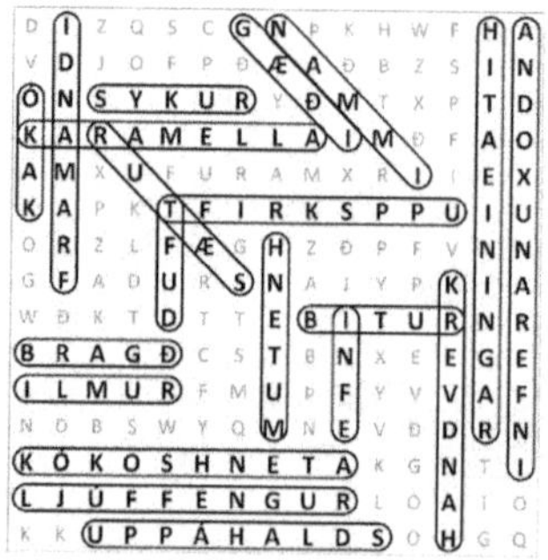

19 - Guida

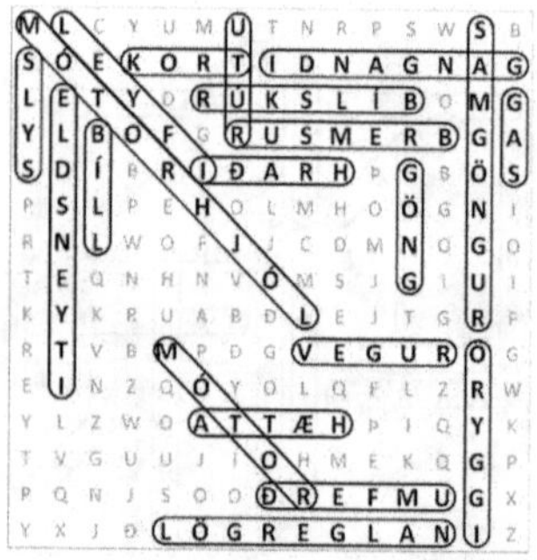

20 - I Media

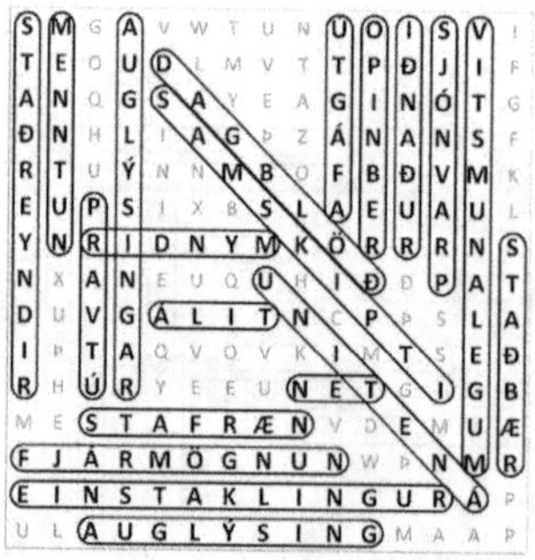

21 - Forza e Gravità

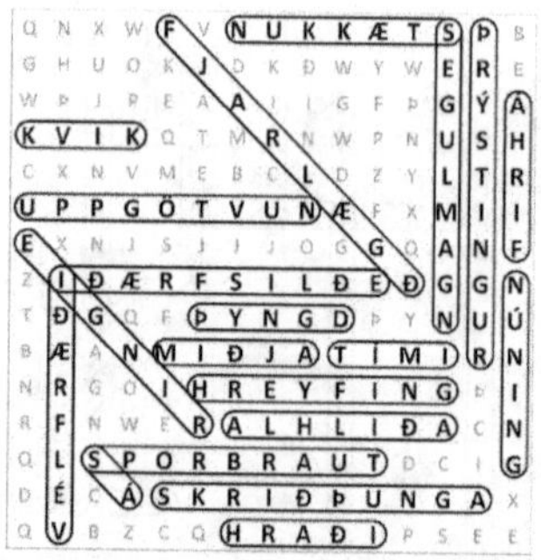

22 - Sport

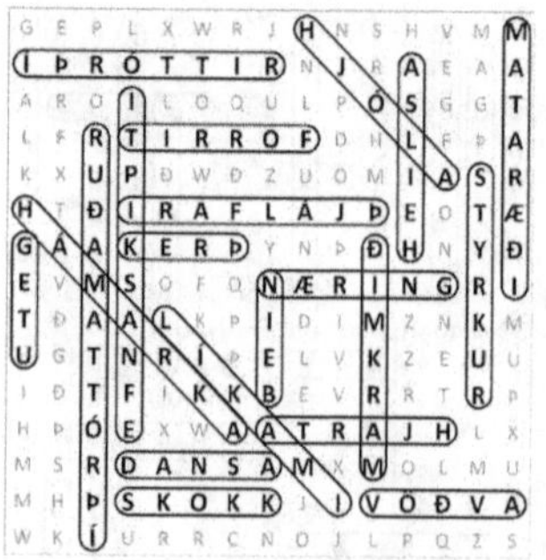

23 - Caffè

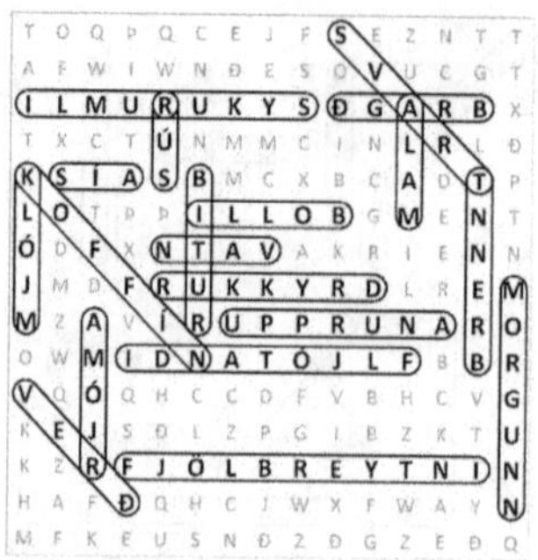

24 - Uccelli

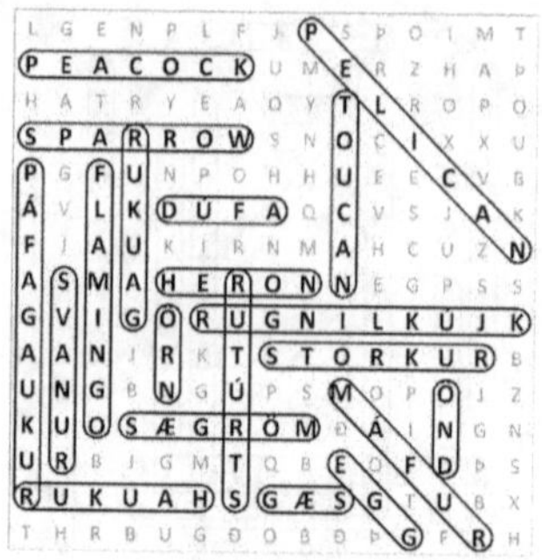

25 - Giorni e Mesi

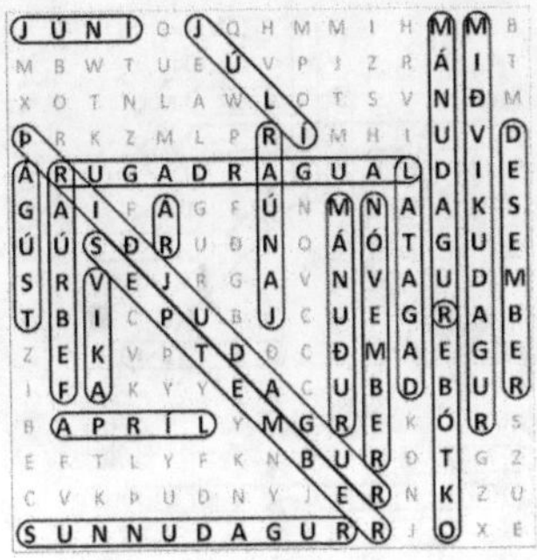

26 - Casa

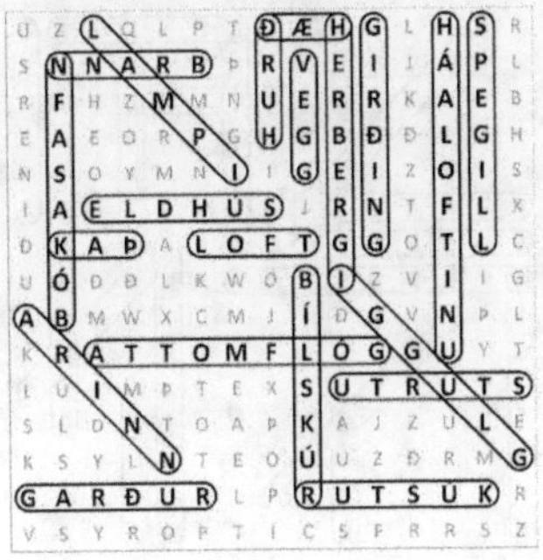

27 - Fantascienza

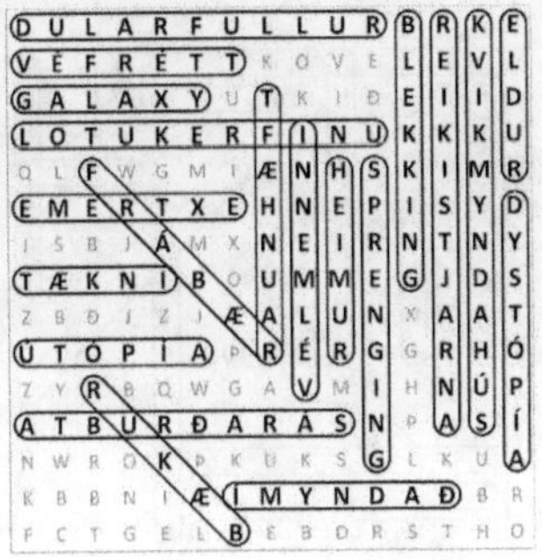

28 - Città

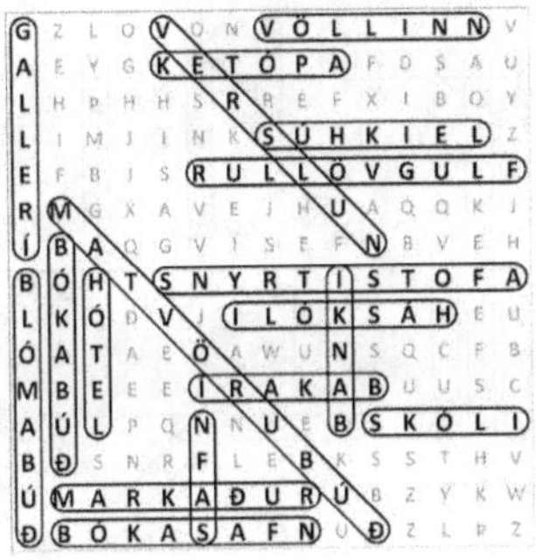

29 - Fattoria #1

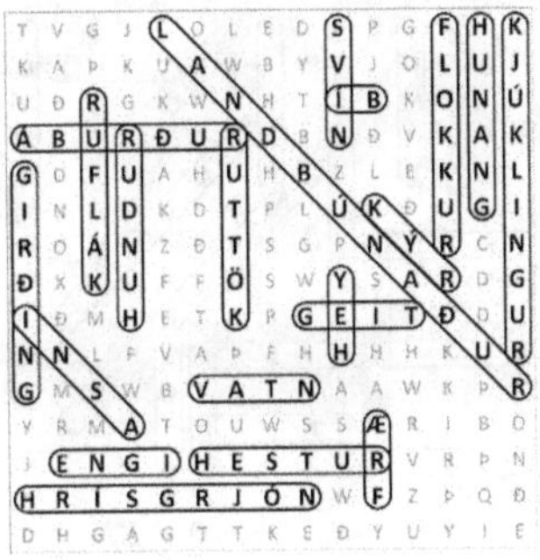

30 - Psicologia

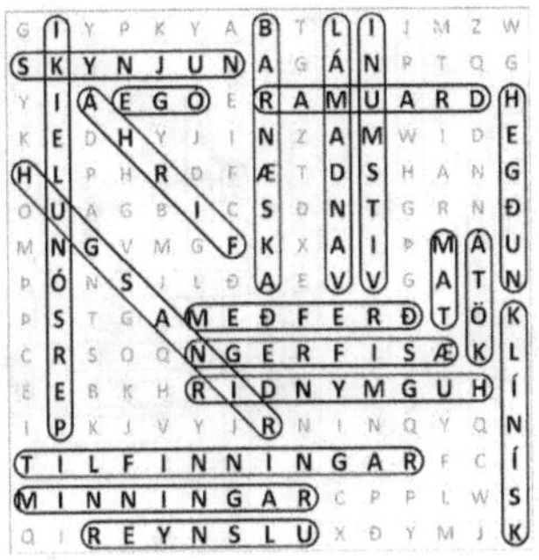

31 - Paesaggi

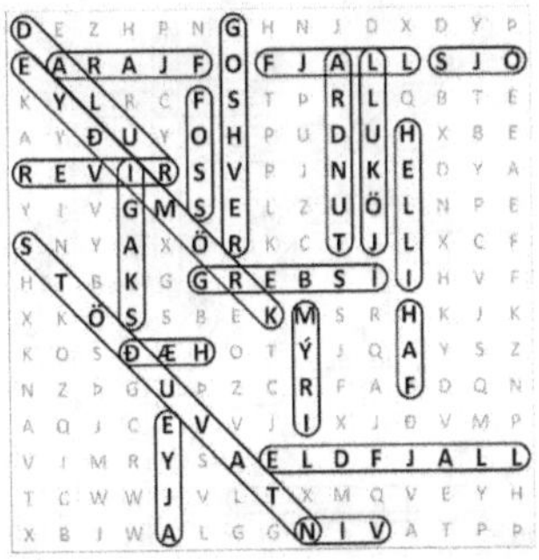

32 - Energia

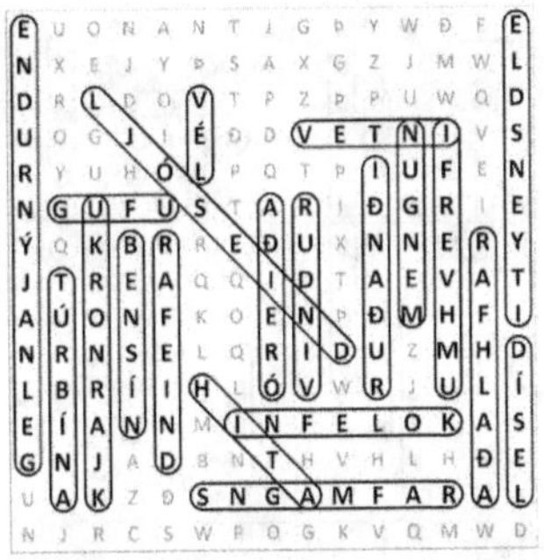

33 - Ristorante #2

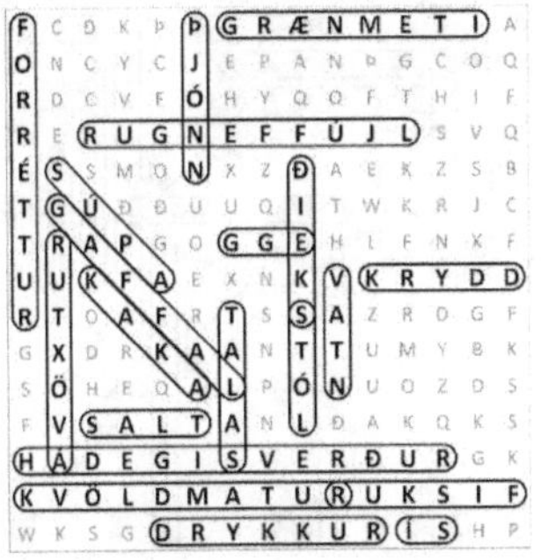

34 - Moda

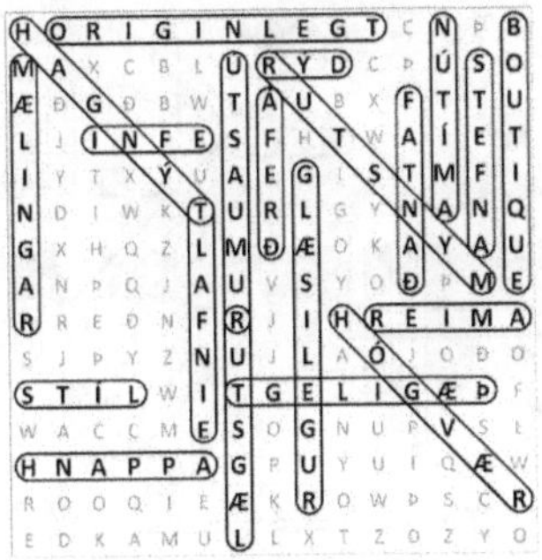

35 - L'Azienda

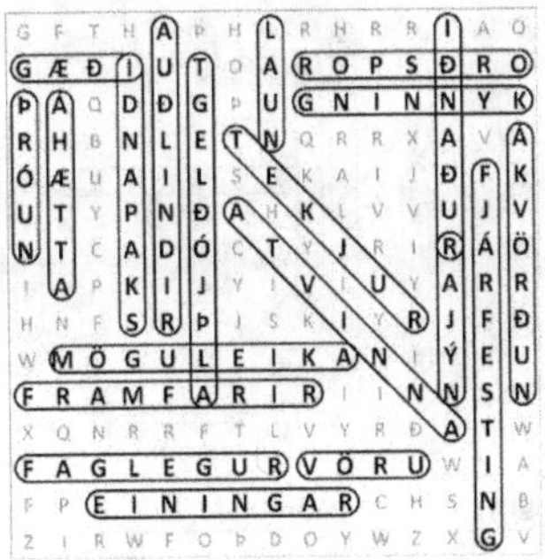

36 - Giardino

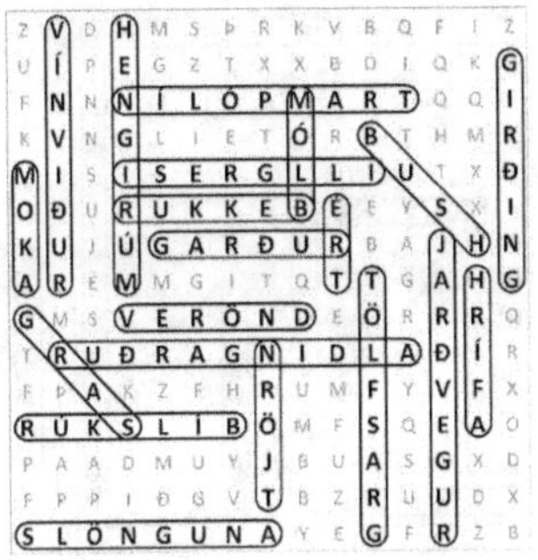

37 - Riscaldamento Gl

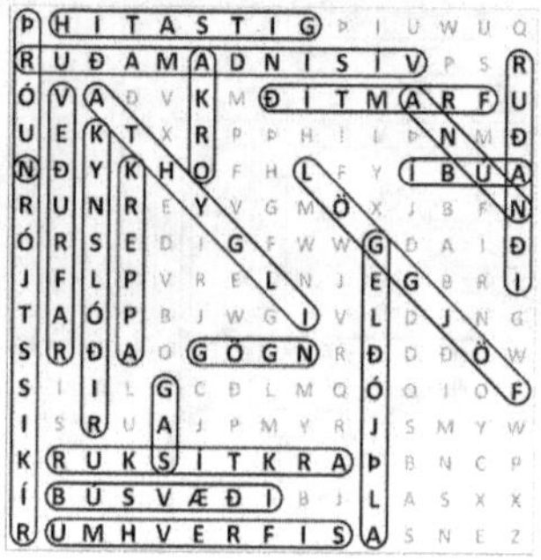

38 - Frutta

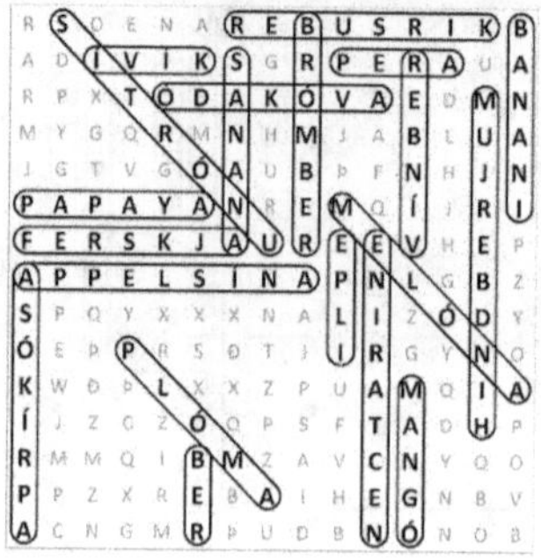

39 - Fattoria #2

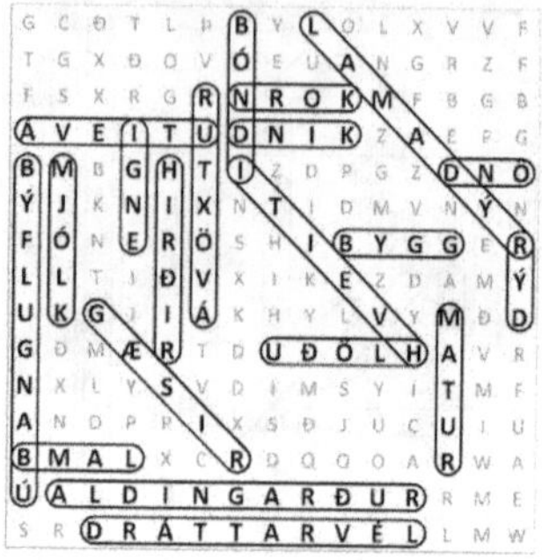

40 - Verdure

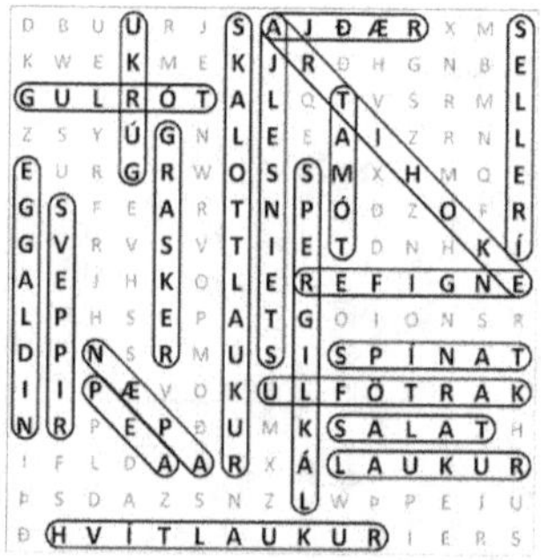

41 - Barbecue

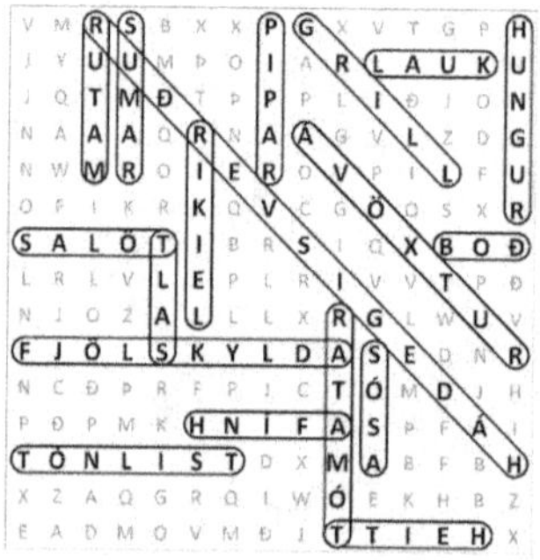

42 - Insetti

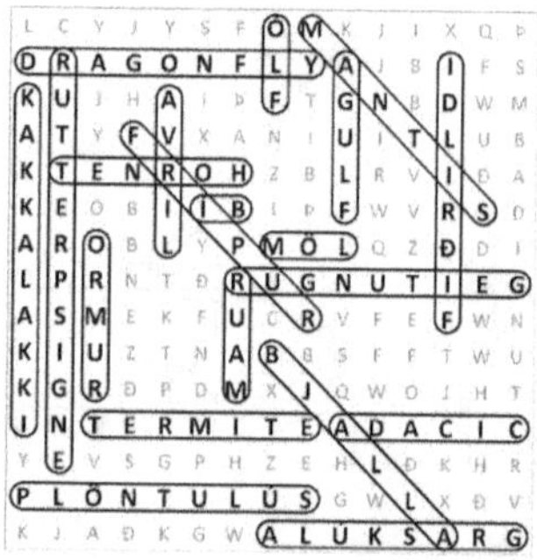

43 - Fisica

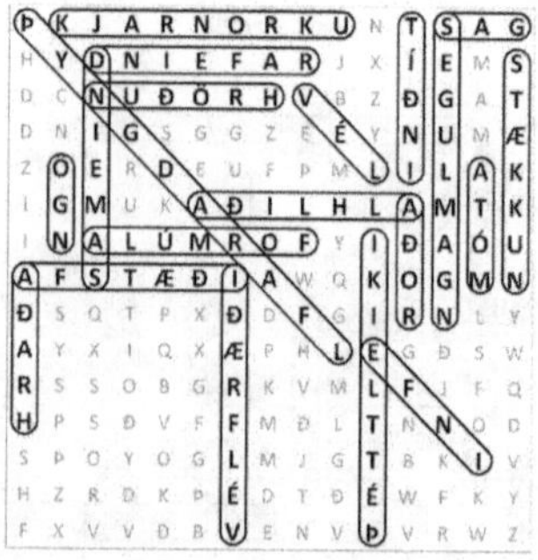

44 - Agronomia

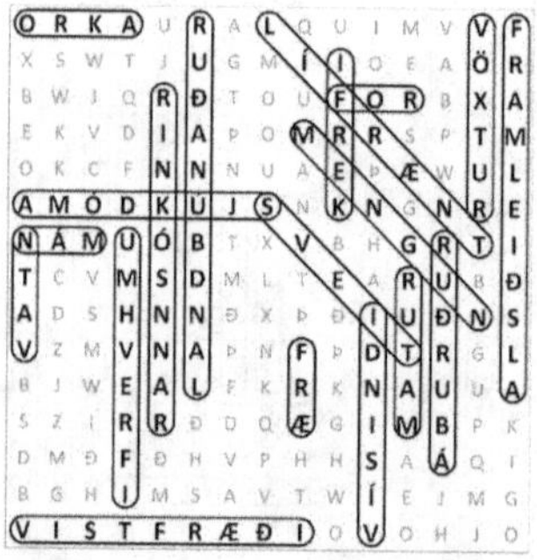

45 - Erboristeria

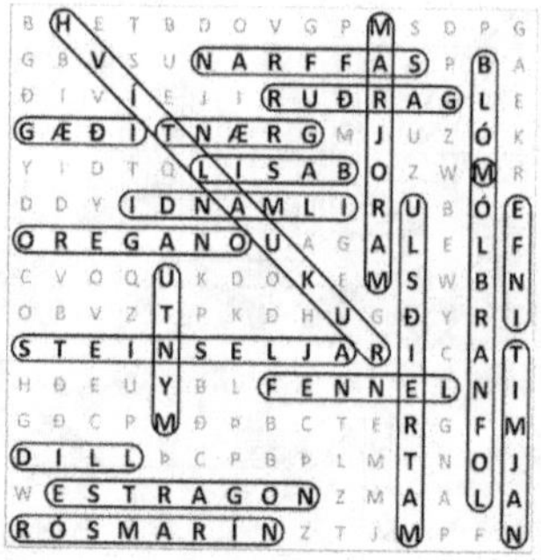

46 - Biologia

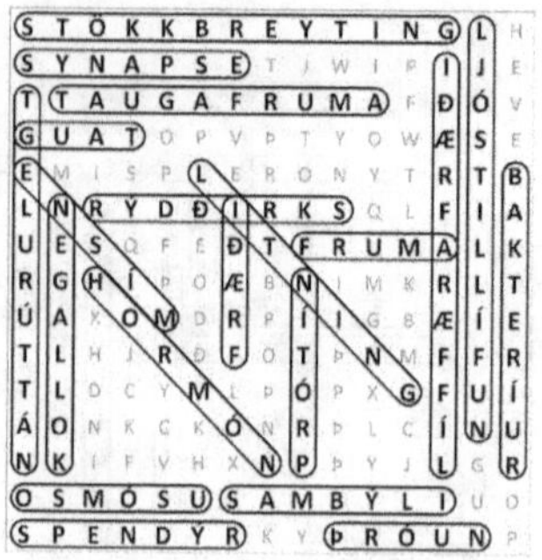

47 - Attività Commerciale

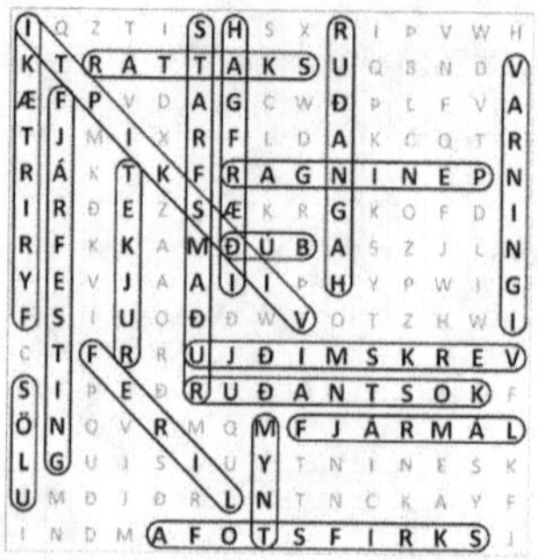

48 - Fiori

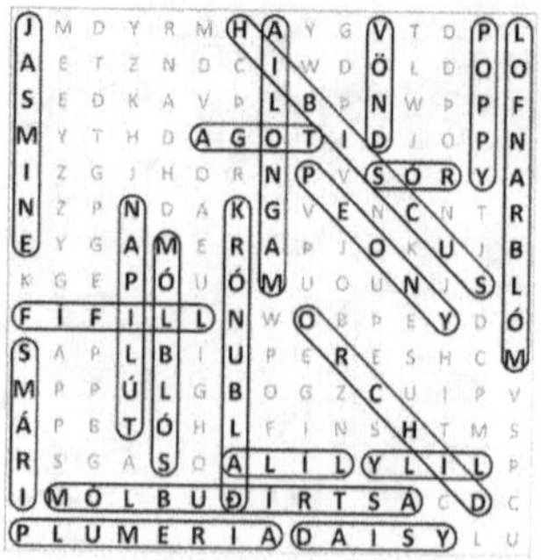

49 - Filantropia

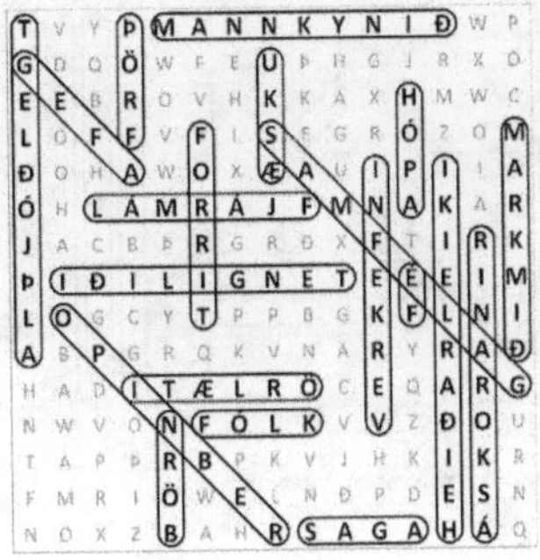

50 - Discipline Scientifiche

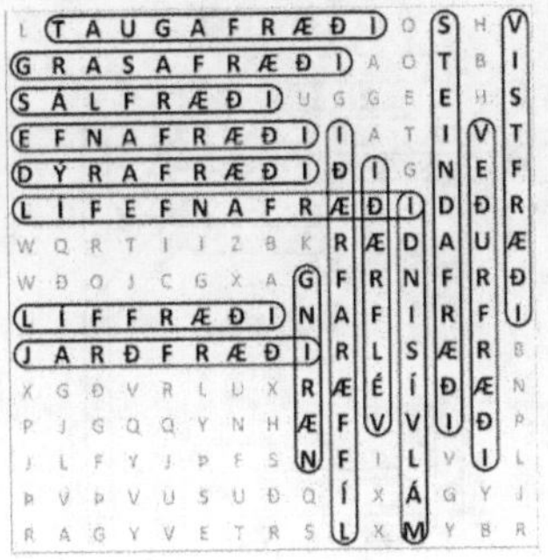

51 - Acqua

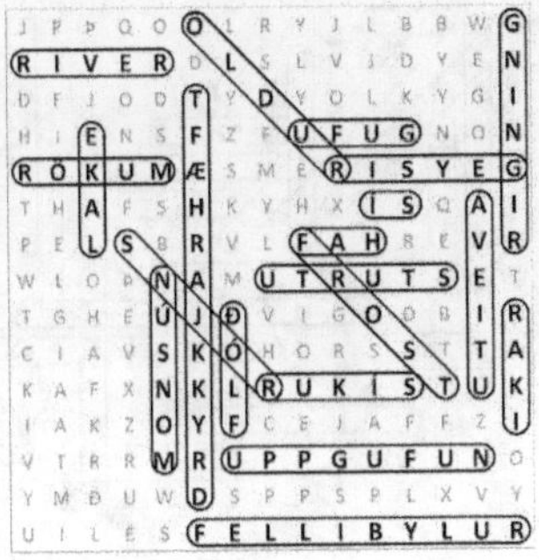

52 - Imbarcazioni

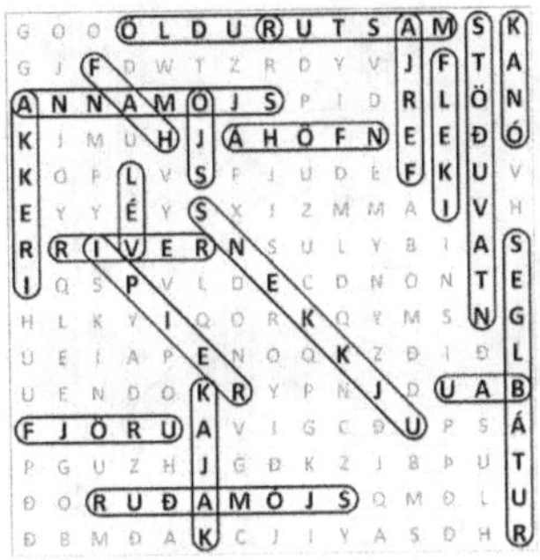

53 - Chimica

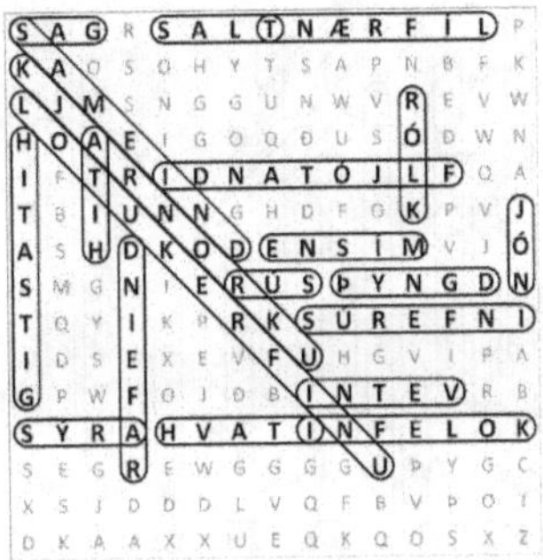

54 - Api

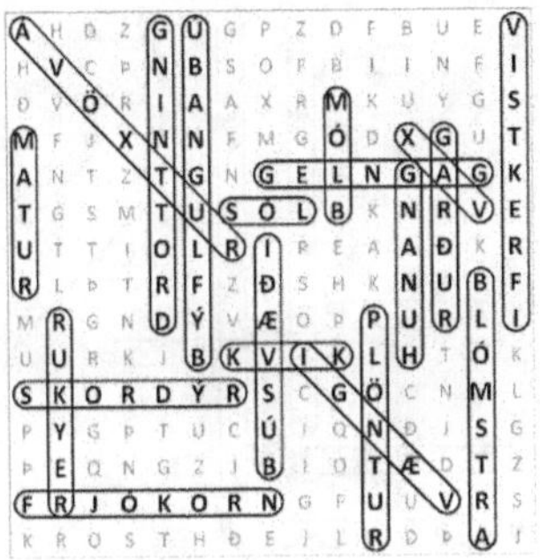

55 - Strumenti Musicali

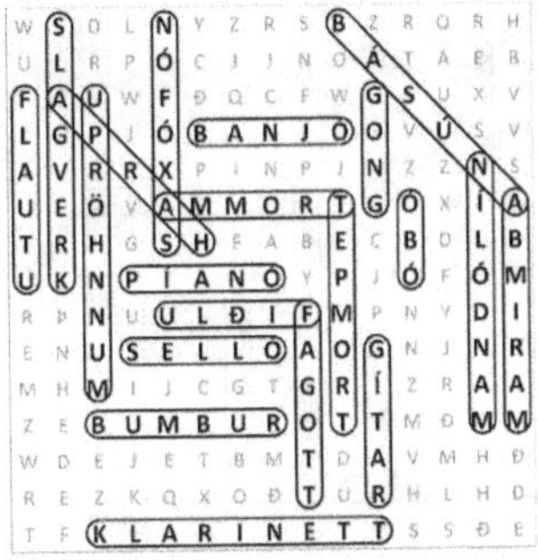

56 - Professioni #2

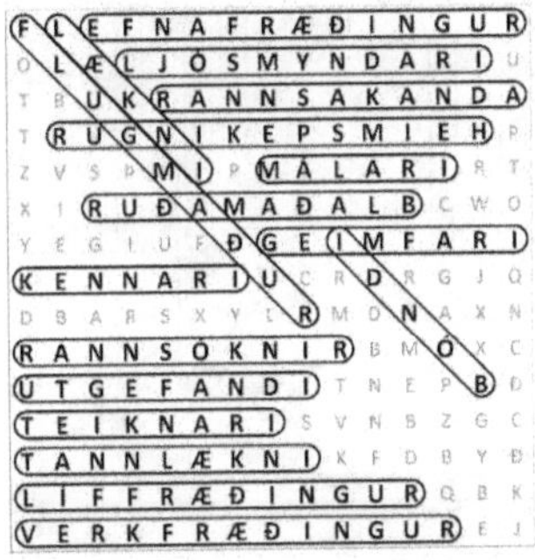

57 - Letteratura

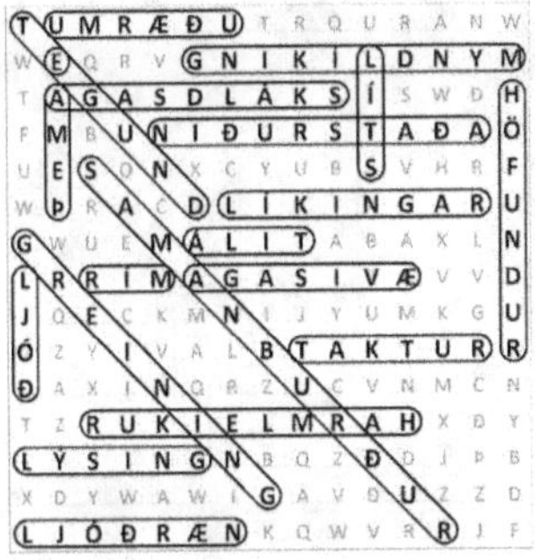

58 - Cibo #2

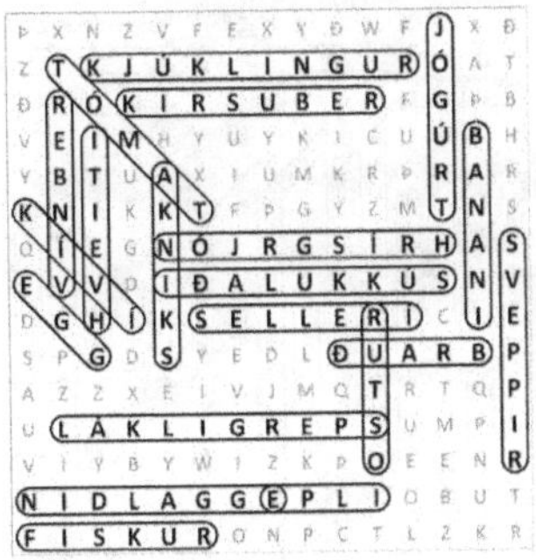

59 - Nutrizione

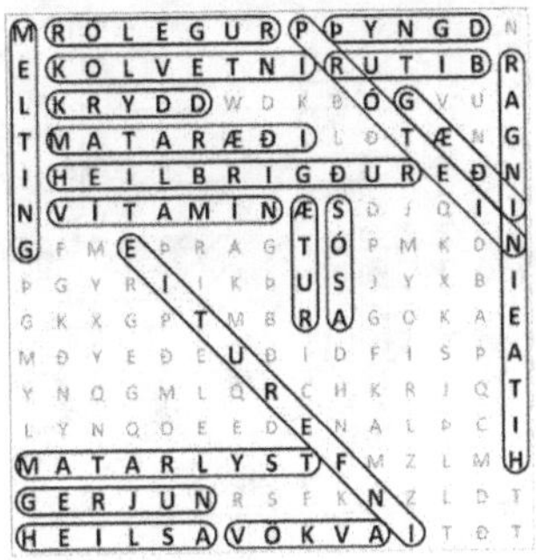

60 - Matematica

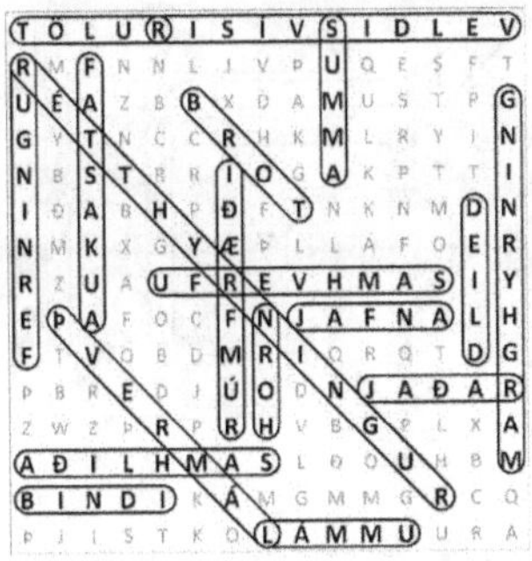

61 - Meditazione

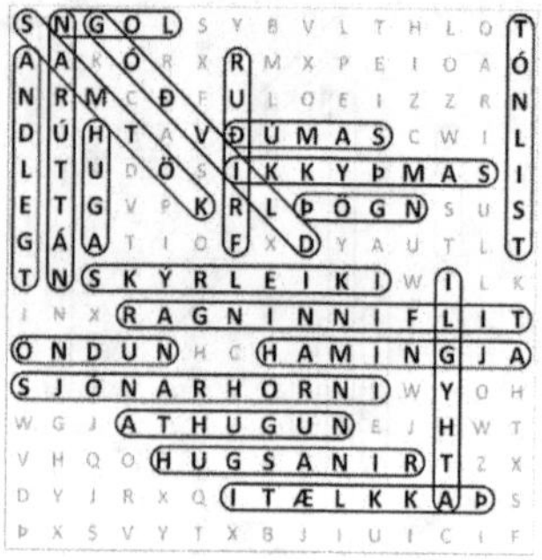

62 - Elettricità

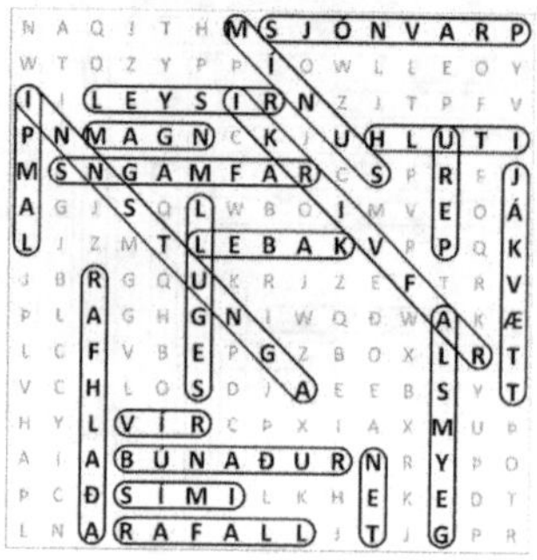

63 - Antiquariato

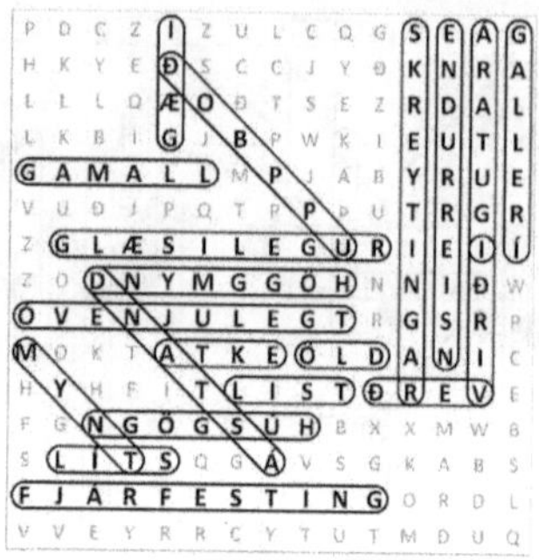

64 - Escursionismo

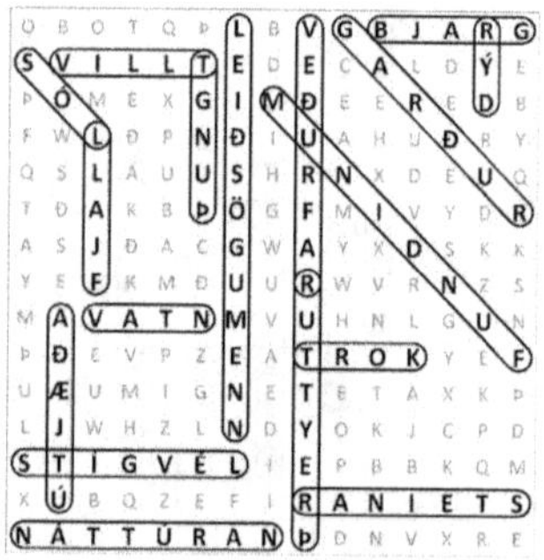

65 - Professioni #1

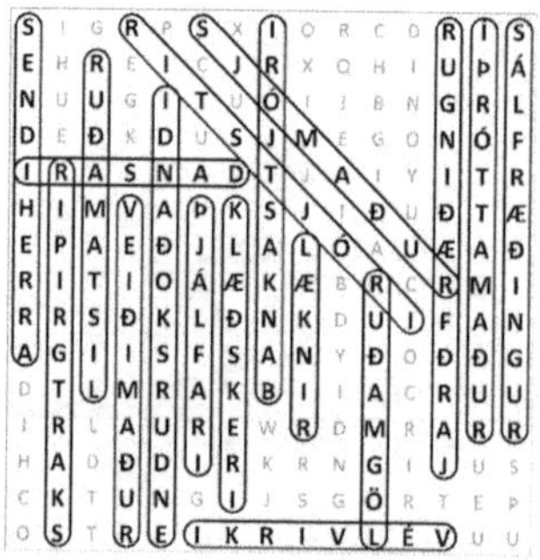

66 - Antartide

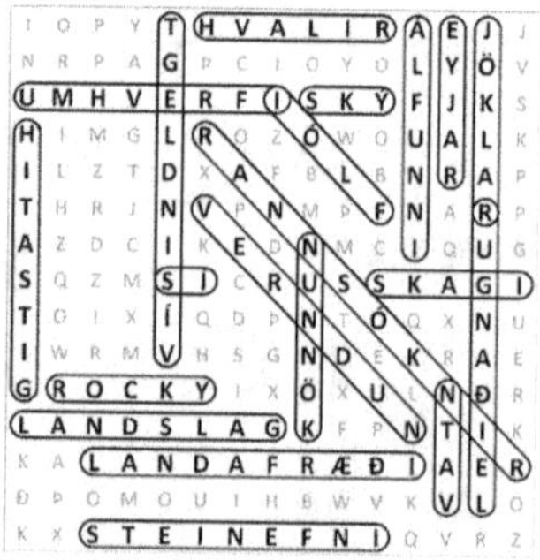

67 - Libri

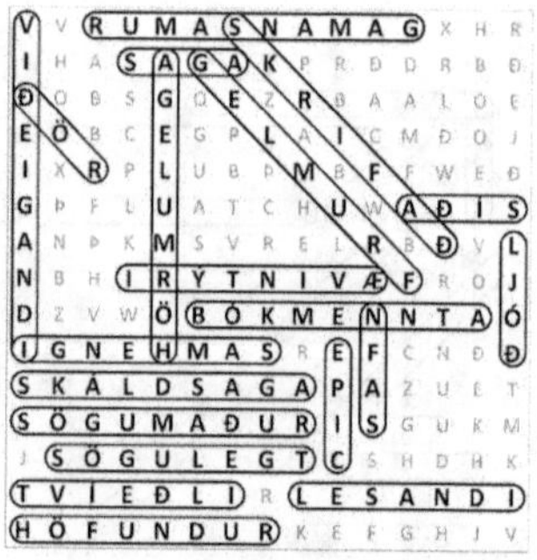

68 - Geografia

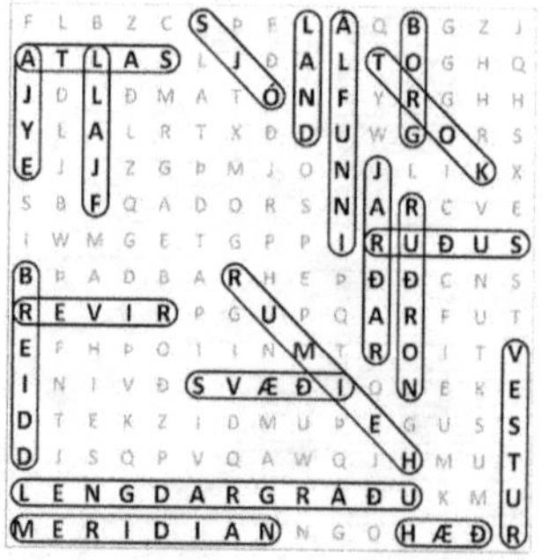

69 - Cibo #1

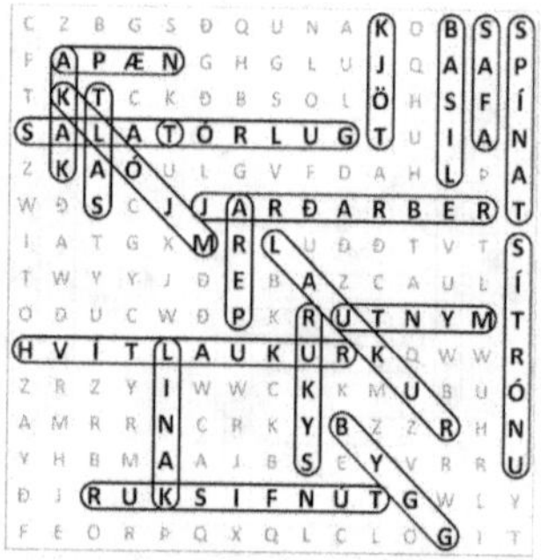

70 - Aeroplani

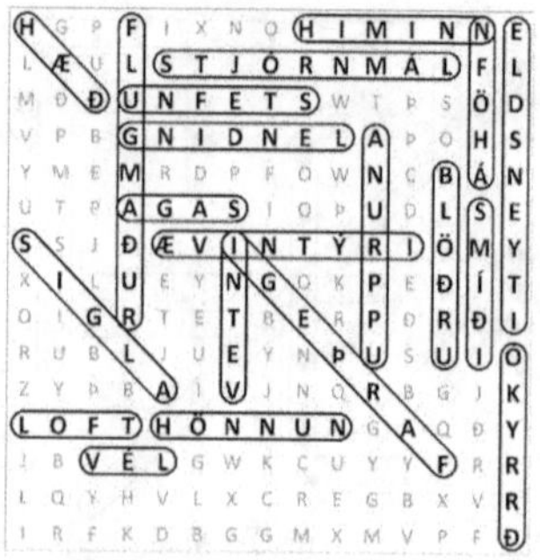

71 - Governo

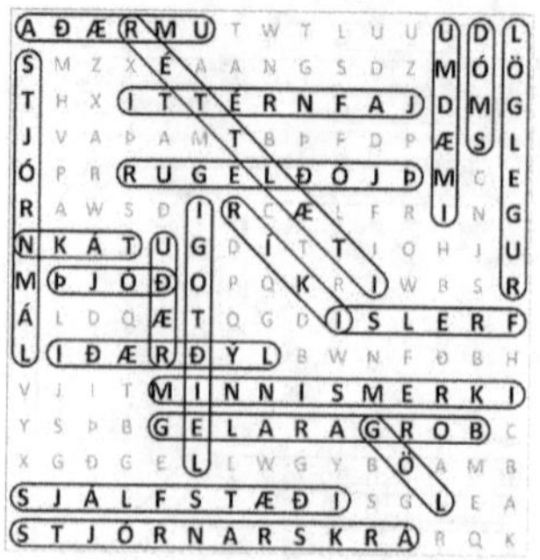

72 - Bellezza

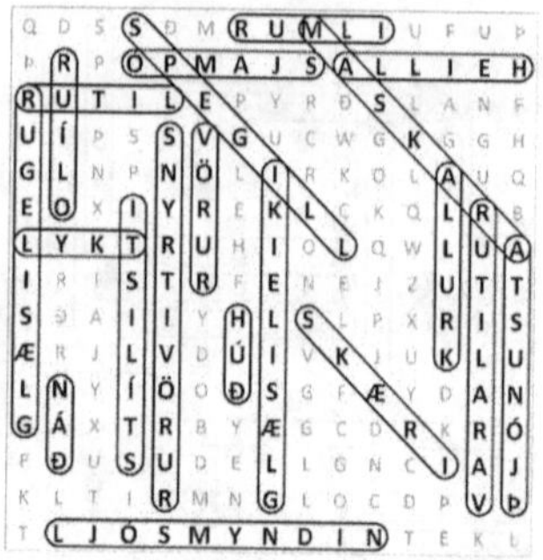

73 - Avventura

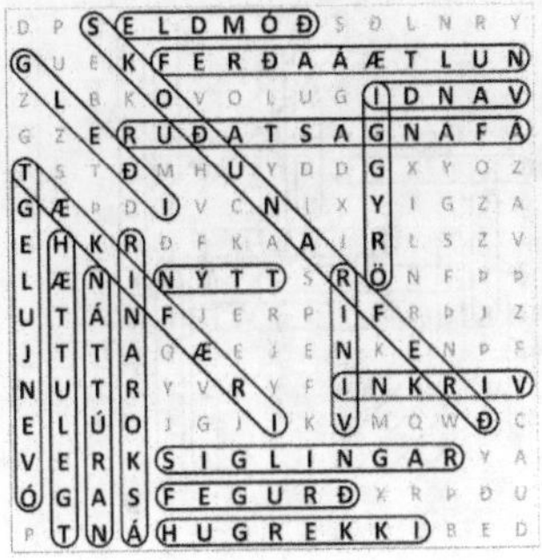

74 - Forme

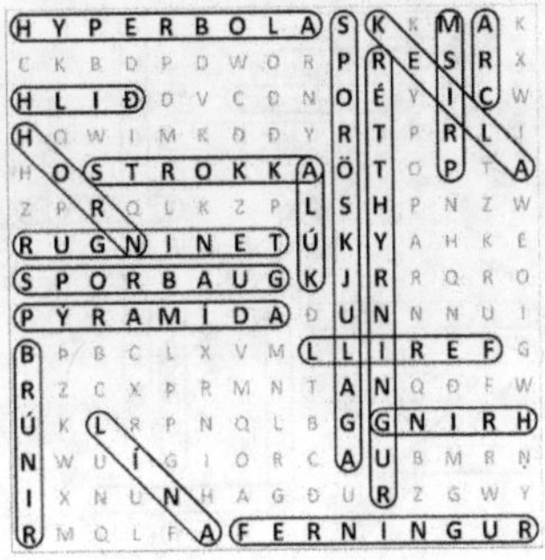

75 - Oceano

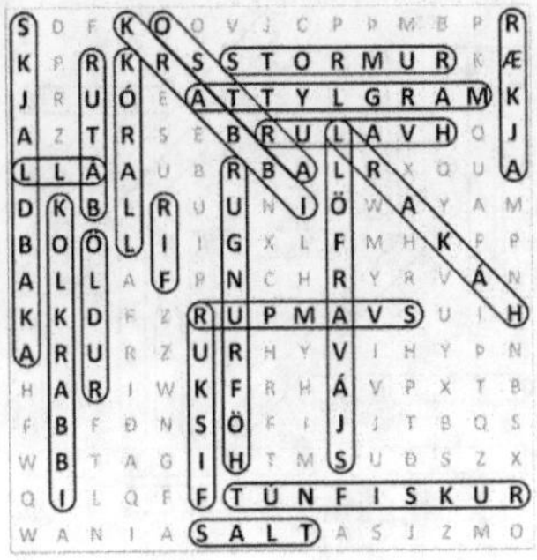

76 - Veicoli

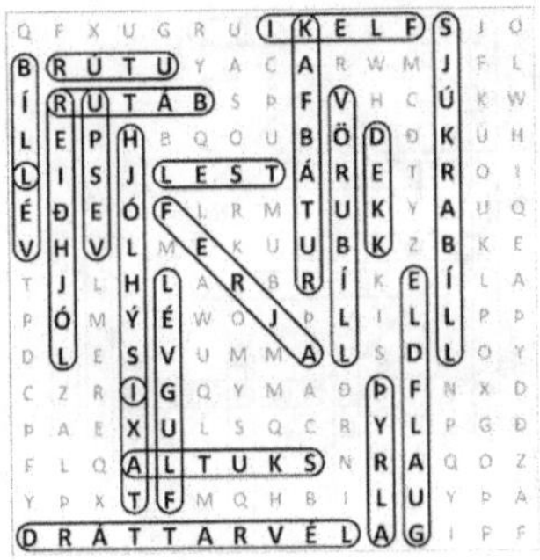

77 - Emozioni

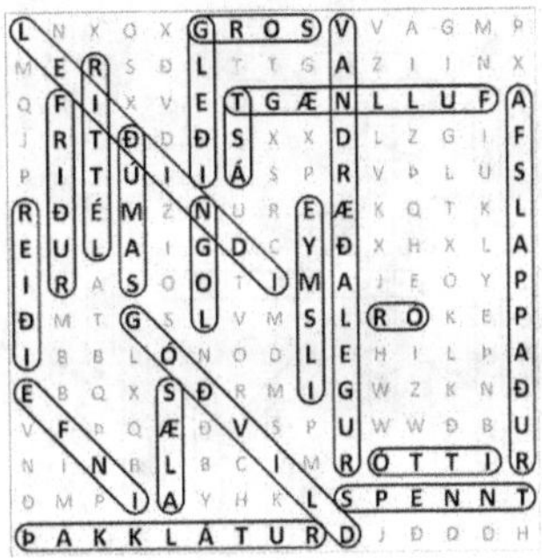

78 - Natura

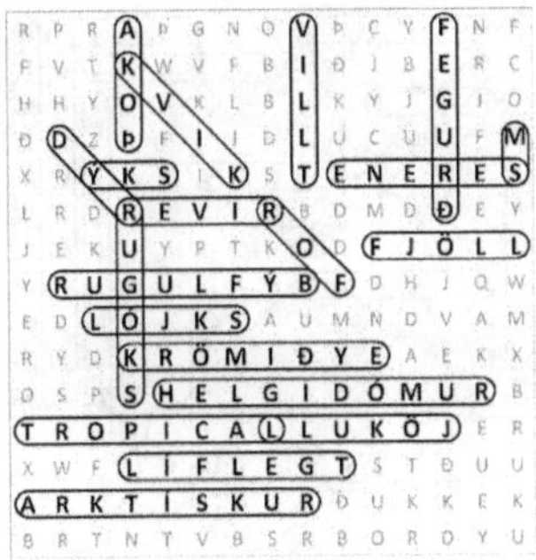

79 - Balletto

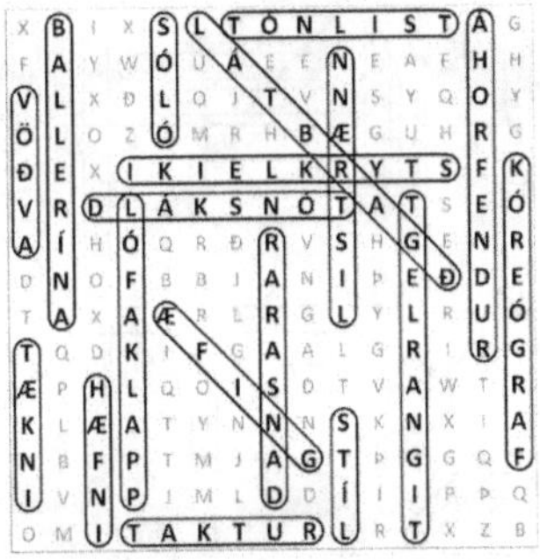

80 - Paesi #1

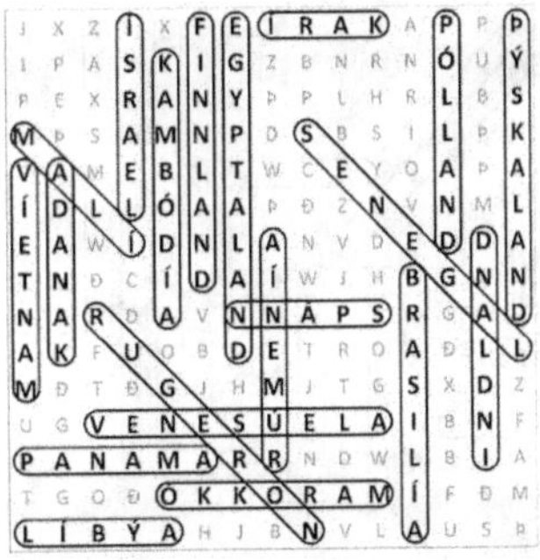

81 - Geometria

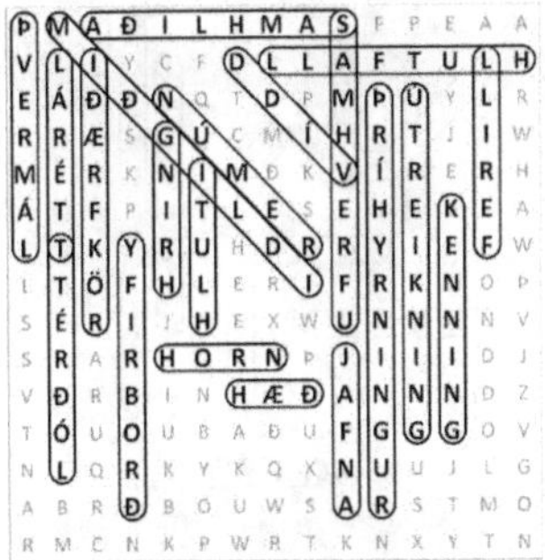

82 - Foresta Pluviale

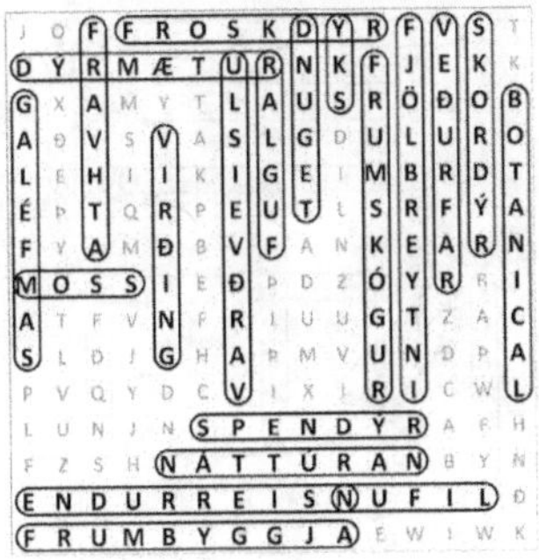

83 - Edifici

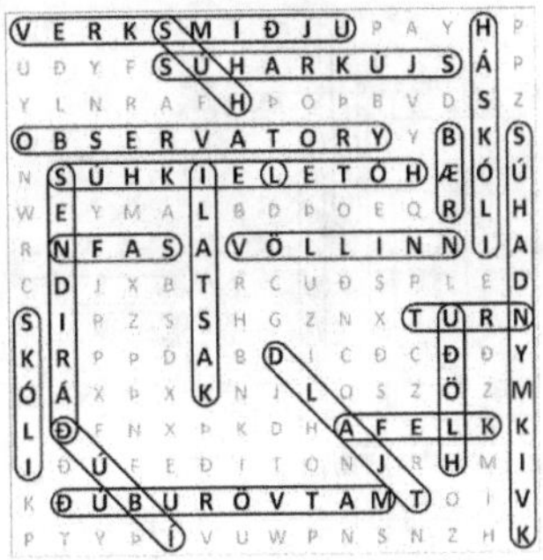

84 - Malattia

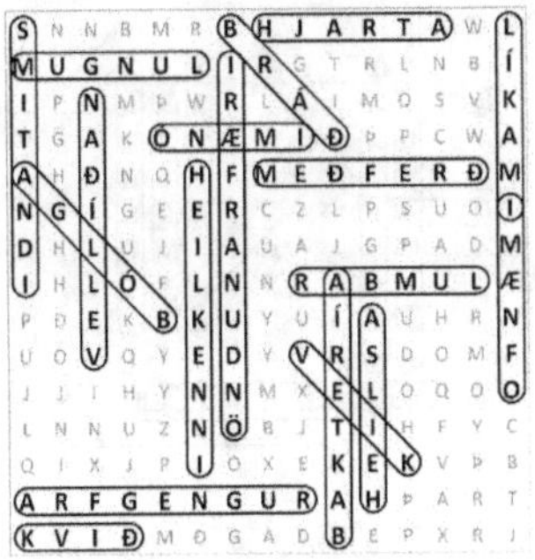

85 - Paesi #2

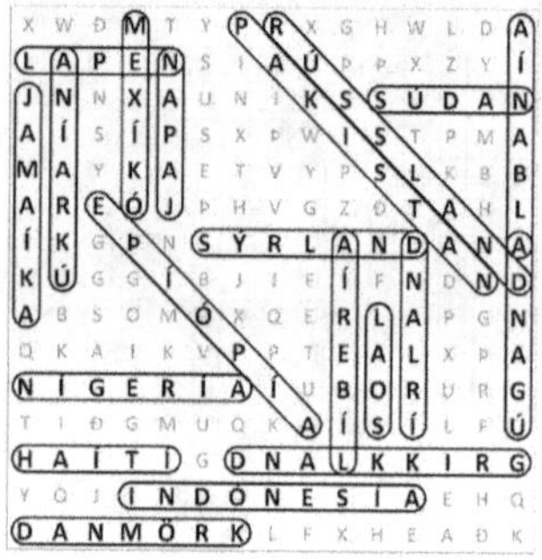

86 - Tipi di Capelli

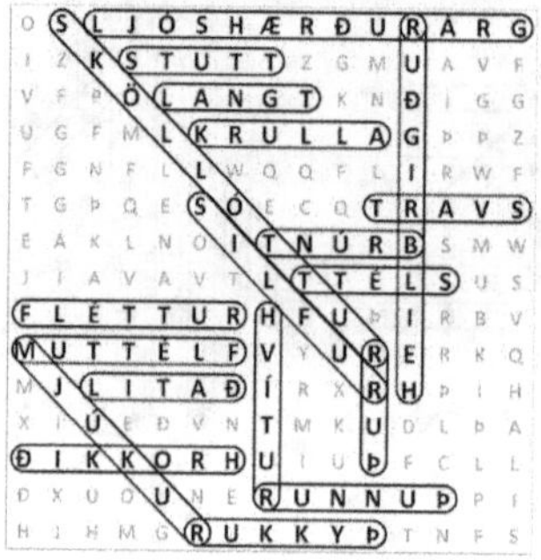

87 - Vestiti

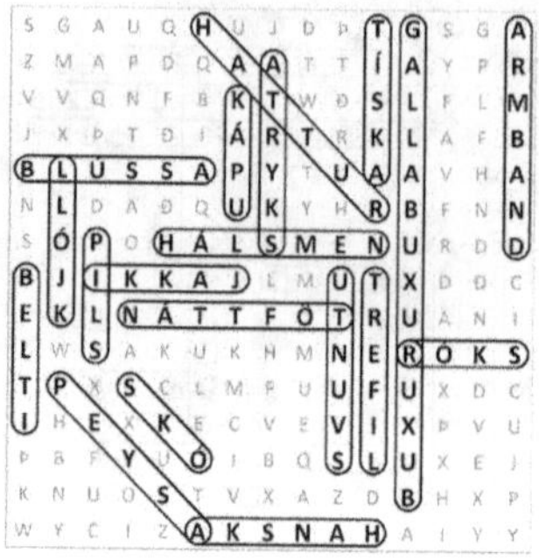

88 - Attività e Tempo Libero

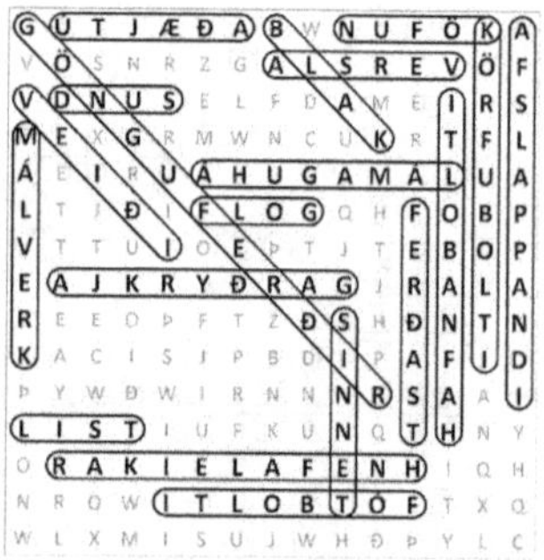

89 - Arte

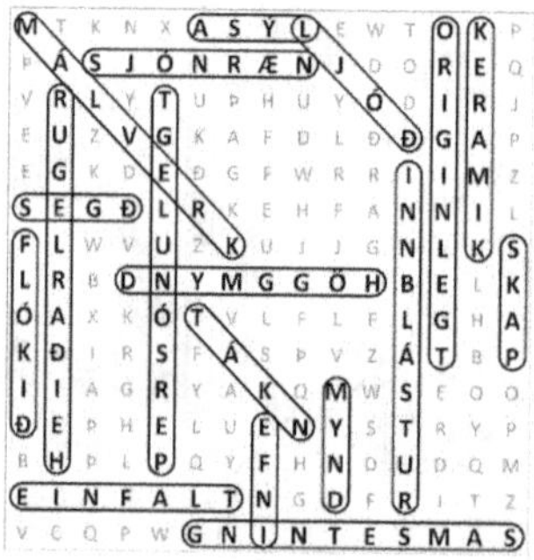

90 - Meteo

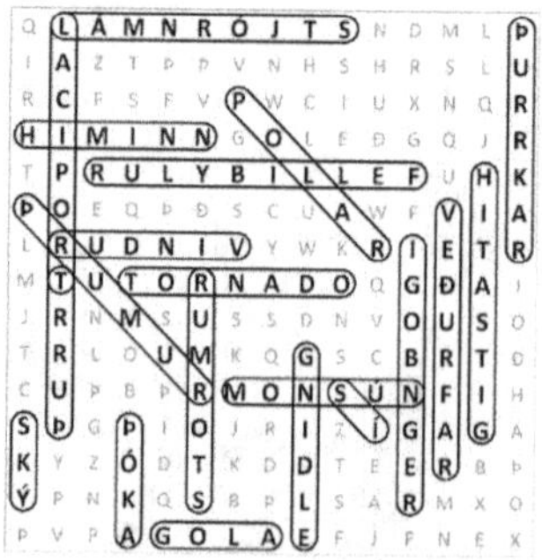

91 - Corpo Umano

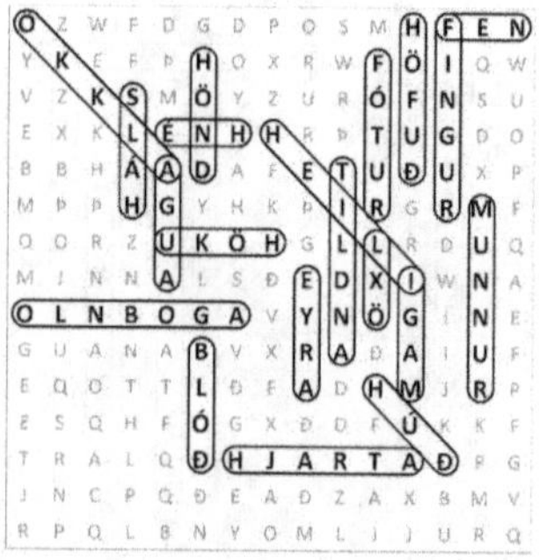

92 - Mammiferi

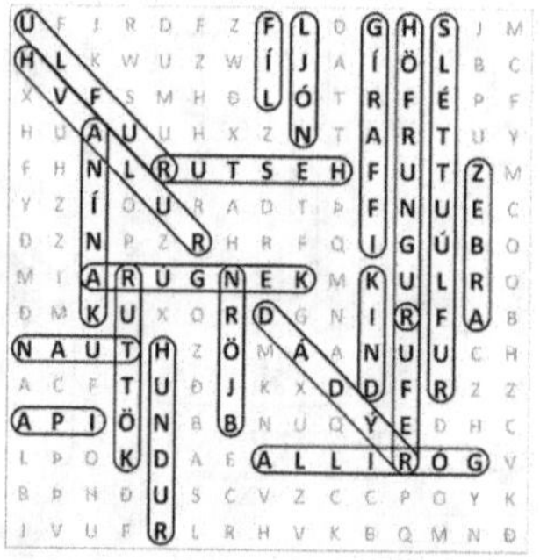

93 - Cucina

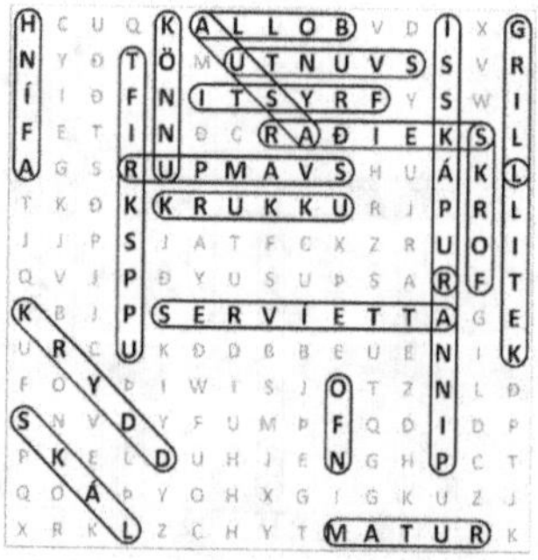

94 - Giardinaggio

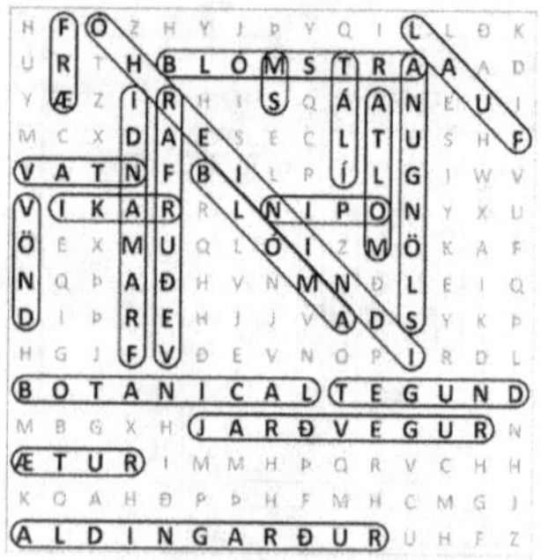

95 - Universo

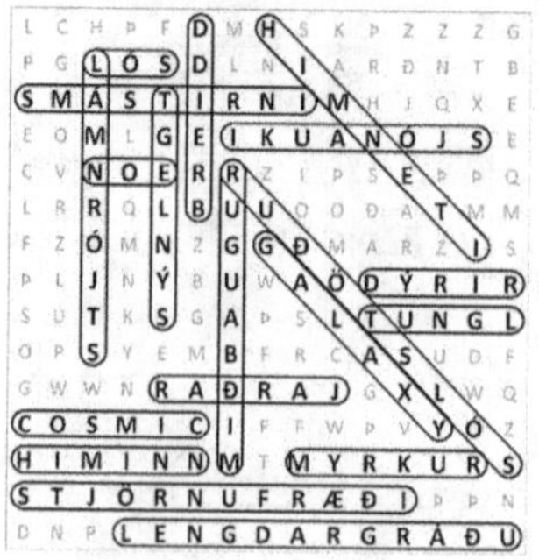

96 - Jazz

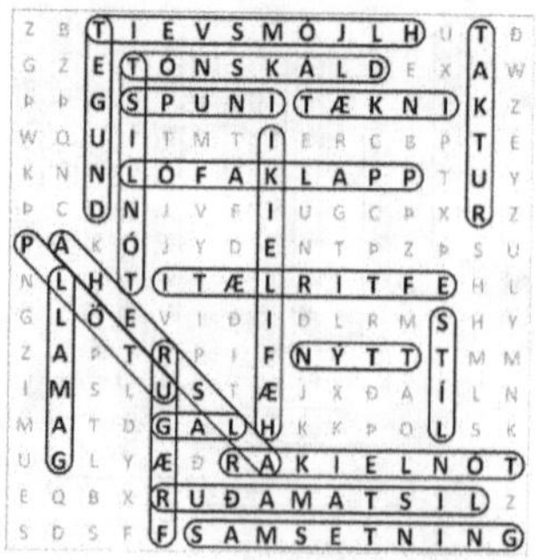

97 - Attività

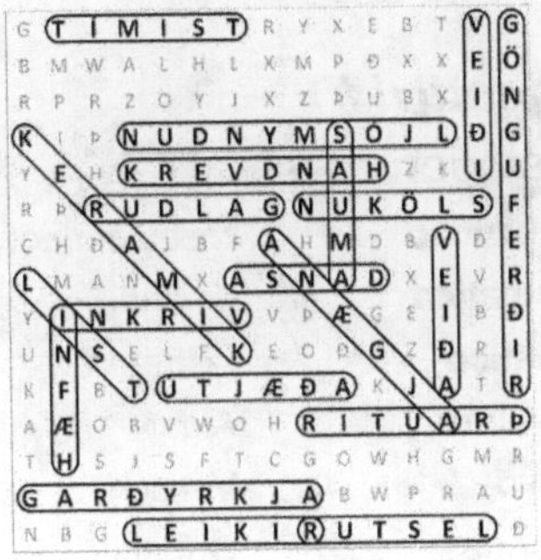

98 - Diplomazia

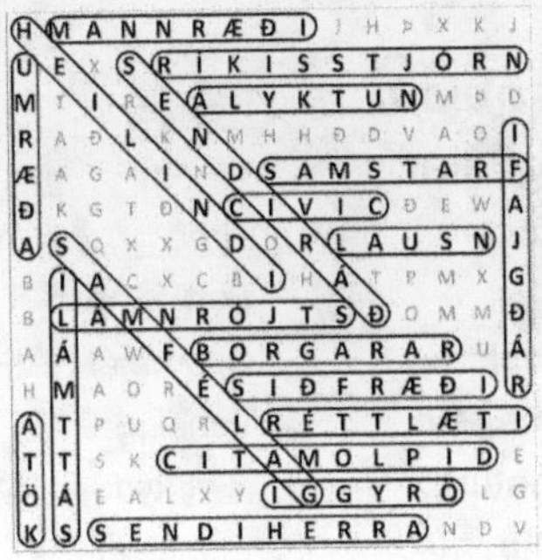

99 - Forniture Artistiche

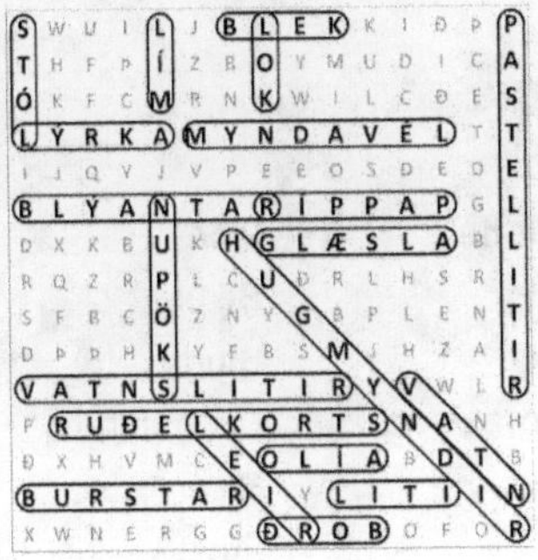

100 - Misurazioni

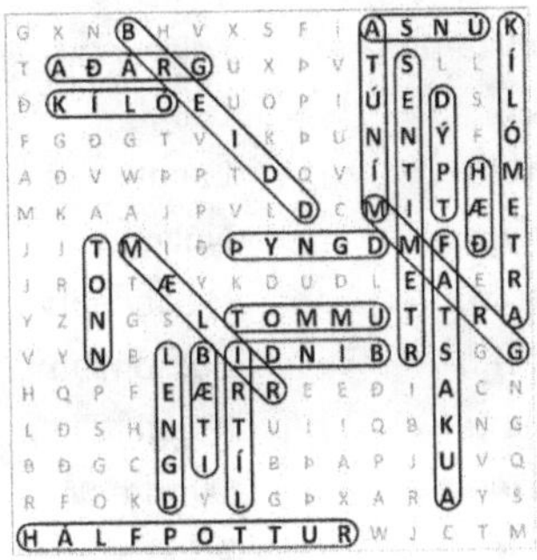

Dizionario

Acqua
Vatni

Alluvione	Flóð
Canale	Síkur
Doccia	Sturtu
Evaporazione	Uppgufun
Fiume	River
Gelo	Frost
Geyser	Geysir
Ghiaccio	Ís
Irrigazione	Áveitu
Lago	Lake
Monsone	Monsún
Neve	Snjór
Oceano	Haf
Onde	Öldur
Pioggia	Rigning
Potabile	Drykkjarhæft
Umidità	Raki
Umido	Rökum
Uragano	Fellibylur
Vapore	Gufu

Aeroplani
Flugvélar

Altezza	Hæð
Aria	Loft
Atmosfera	Stjórnmál
Atterraggio	Lending
Avventura	Ævintýri
Carburante	Eldsneyti
Cielo	Himinn
Costruzione	Smíði
Design	Hönnun
Direzione	Stefnu
Discesa	Uppruna
Equipaggio	Áhöfn
Idrogeno	Vetni
Motore	Vél
Navigare	Sigla
Palloncino	Blöðru
Passeggero	Farþegi
Pilota	Flugmaður
Storia	Saga
Turbolenza	Ókyrrð

Aggettivi #1
Lýsingarorð #1

Ambizioso	Metnaðarlegt
Aromatico	Ilmandi
Artistico	Listrænn
Assoluto	Alger
Attivo	Virkur
Enorme	Gríðarstór
Esotico	Framandi
Generoso	Örlátur
Giovane	Ungur
Grande	Stór
Identico	Sömu
Importante	Mikilvægt
Lento	Hægt
Lungo	Langt
Moderno	Nútíma
Onesto	Heiðarlegur
Perfetto	Fullkominn
Pesante	Þungt
Prezioso	Dýrmætur
Sottile	Þunnur

Aggettivi #2
Lýsingarorð #2

Affamato	Svangur
Asciutto	Þurr
Autentico	Ekta
Creativo	Skapandi
Descrittivo	Lýsandi
Dolce	Sætur
Drammatico	Dramatísk
Elegante	Glæsilegur
Famoso	Frægur
Forte	Sterkur
Interessante	Áhugavert
Naturale	Náttúrulegt
Normale	Eðlilegt
Nuovo	Nýtt
Orgoglioso	Stoltur
Produttivo	Afkastamikill
Puro	Hreint
Responsabile	Ábyrgur
Salato	Saltur
Sano	Heilbrigður

Agronomia
Jarðfræði

Acqua	Vatn
Agricoltura	Landbúnaður
Ambiente	Umhverfi
Cibo	Matur
Crescita	Vöxtur
Ecologia	Vistfræði
Energia	Orka
Erosione	Rof
Fertilizzante	Áburður
Inquinamento	Mengun
Malattie	Sjúkdóma
Organico	Lífrænt
Produzione	Framleiðsla
Ricerca	Rannsóknir
Rurale	Sveit
Scienza	Vísindi
Semi	Fræ
Sistemi	Kerfi
Studio	Nám
Suolo	Jarðvegur

Algebra
Algebru

Diagramma	Skýringarmynd
Divisione	Deild
Equazione	Jafna
Esponente	Veldisvísir
Falso	Rangt
Fattore	Þáttur
Formula	Formúla
Frazione	Brot
Grafico	Graf
Infinito	Óendanlega
Lineare	Línuleg
Matrice	Fylki
Numero	Númer
Parentesi	Sviga
Problema	Vandamál
Semplificare	Einfalda
Soluzione	Lausn
Sottrazione	Frádráttur
Variabile	Breyta
Zero	Núll

Antartide
Suðurskautslandið

Acqua	Vatn
Ambiente	Umhverfi
Baia	Flói
Balene	Hvalir
Conservazione	Verndun
Continente	Álfunni
Esplorazione	Könnun
Geografia	Landafræði
Ghiacciai	Jöklar
Ghiaccio	Ís
Isole	Eyjar
Minerali	Steinefni
Nuvole	Ský
Penisola	Skagi
Ricercatore	Rannsóknir
Roccioso	Rocky
Scientifico	Vísindlegt
Spedizione	Leiðangur
Temperatura	Hitastig
Topografia	Landslag

Antiquariato
Fornminjar

Arte	List
Asta	Uppboð
Autentico	Ekta
Condizione	Ástand
Decenni	Áratugi
Decorativo	Skreytingar
Elegante	Glæsilegur
Galleria	Gallerí
Insolito	Óvenjulegt
Investimento	Fjárfesting
Mobilio	Húsgögn
Monete	Mynt
Prezzo	Verð
Qualità	Gæði
Restauro	Endurreisn
Scultura	Höggmynd
Secolo	Öld
Stile	Stíl
Valore	Virði
Vecchio	Gamall

Api
Býflugur

Ali	Vængi
Alveare	Býflugnabú
Benefico	Gagnleg
Cera	Vax
Cibo	Matur
Diversità	Fjölbreytni
Ecosistema	Vistkerfi
Fiori	Blóm
Fiorire	Blómstra
Frutta	Ávöxtur
Fumo	Reykur
Giardino	Garður
Habitat	Búsvæði
Insetto	Skordýr
Miele	Hunang
Piante	Plöntur
Polline	Frjókorn
Regina	Drottning
Sciame	Kvik
Sole	Sól

Archeologia
Fornleifafræði

Analisi	Greining
Anni	Ár
Antichità	Fornöld
Antico	Forn
Civiltà	Siðmenning
Dimenticato	Gleymt
Discendente	Afkomandi
Era	Tímum
Esperto	Sérfræðingur
Mistero	Ráðgáta
Oggetti	Hluti
Ossa	Bein
Professore	Prófessor
Reliquia	Minni
Ricercatore	Rannsóknir
Sconosciuto	Óþekkt
Squadra	Lið
Tempio	Temple
Tomba	Gröf
Valutazione	Mat

Arte
List

Ceramica	Keramik
Complesso	Flókið
Composizione	Samsetning
Dipinti	Málverk
Espressione	Segð
Figura	Mynd
Ispirato	Innblástur
Onesto	Heiðarlegur
Originale	Originlegt
Personale	Persónulegt
Poesia	Ljóð
Ritrarre	Lýsa
Scultura	Höggmynd
Semplice	Einfalt
Simbolo	Tákn
Soggetto	Efni
Surrealismo	Súrrealismi
Umore	Skap
Visivo	Sjónræn

Arti Visive
Myndlist

Architettura	Arkitektúr
Argilla	Leir
Artista	Listamaður
Capolavoro	Meistaraverk
Carbone	Kol
Cavalletto	Glæsla
Cera	Vax
Ceramica	Keramik
Composizione	Samsetningu
Creatività	Skráningu
Film	Kvikmynd
Fotografia	Ljósmynd
Gesso	Krít
Matita	Blýantur
Penna	Penni
Prospettiva	Sjónarhorni
Ritratto	Portret
Scultura	Höggmynd
Stampino	L
Vernice	Lakk

Astronomia
Stjörnufræði

Asteroide	Smástirni
Astronauta	Geimfari
Celeste	Himneti
Cielo	Himinn
Cosmo	Cosmos
Costellazione	Stjörnumerki
Equinozio	Equinox
Galassia	Galaxy
Gravità	Þyngdarafl
Luna	Tungl
Meteora	Loftstein
Nebulosa	Þokka
Osservatorio	Observatory
Pianeta	Reikistjarna
Radiazione	Geislun
Razzo	Eldflaug
Telescopio	Sjónauki
Terra	Jörð
Universo	Alheimur
Zodiaco	Dýrir

Attività
Starfsemi

Abilità	Hæfni
Arte	List
Artigianato	Handverk
Attività	Virkni
Caccia	Veiða
Campeggio	Útjæða
Ceramica	Keramik
Cucire	Sauma
Danza	Dansa
Escursioni	Gönguferðir
Fotografia	Ljósmyndun
Giardinaggio	Garðyrkja
Giochi	Leikir
Lettura	Lestur
Magia	Galdur
Pesca	Veiði
Piacere	Ánægja
Puzzle	Þrautir
Rilassamento	Slökun
Tempo Libero	Tímist

Attività Commerciale
Viðskipti

Carriera	Feril
Costo	Kostnaður
Datore di Lavoro	Vinnuveitandi
Dipendente	Starfsmaður
Economia	Hagfræði
Fabbrica	Verksmiðju
Finanza	Fjármál
Investimento	Fjárfesting
Merce	Varningi
Negozio	Búð
Profitto	Hagnaður
Reddito	Tekjur
Sconto	Afsláttur
Società	Fyrirtæki
Soldi	Peningar
Tasse	Skattar
Transazione	Viðskipti
Ufficio	Skrifstofa
Valuta	Mynt
Vendita	Sölu

Attività e Tempo Libero
Starfsemi og Tómstundir

Arte	List
Baseball	Hafnabolti
Basket	Körfubolti
Boxe	Hnefaleikar
Calcio	Fótbolti
Campeggio	Útjæða
Escursioni	Gönguferðir
Giardinaggio	Garðyrkja
Golf	Golf
Hobby	Áhugamál
Immersione	Köfun
Nuoto	Sund
Pallavolo	Blak
Pesca	Veiði
Pittura	Málverk
Rilassante	Afslappandi
Shopping	Versla
Tennis	Tennis
Viaggio	Ferðast

Avventura
Ævintýri

Amici	Vinir
Attività	Virkni
Bellezza	Fegurð
Coraggio	Hugrekki
Destinazione	Áfangastaður
Difficoltà	Vandi
Entusiasmo	Eldmóð
Escursione	Skoðunarferð
Gioia	Gleði
Insolito	Óvenjulegt
Itinerario	Ferðaáætlun
Natura	Náttúran
Navigazione	Siglingar
Nuovo	Nýtt
Opportunità	Tækifæri
Pericoloso	Hættulegt
Preparazione	Undirbúningur
Sfide	Áskoranir
Sicurezza	Öryggi
Viaggi	Ferðast

Balletto
Ballett

Abilità	Hæfni
Applauso	Lófaklapp
Artistico	Listrænn
Assolo	Sóló
Ballerina	Ballerína
Ballerini	Dansarar
Compositore	Tónskáld
Coreografia	Kóreógraf
Espressivo	Svipmikill
Gesto	Látbragð
Grazioso	Tignarlegt
Intensità	Styrkleiki
Muscoli	Vöðva
Musica	Tónlist
Orchestra	Hljómsveit
Prova	Æfing
Pubblico	Áhorfendur
Ritmo	Taktur
Stile	Stíl
Tecnica	Tækni

Barbecue
Grillveislur

Caldo	Heitt
Cena	Kvöldmatur
Cibo	Matur
Cipolle	Lauk
Coltelli	Hnífa
Estate	Sumar
Fame	Hungur
Famiglia	Fjölskylda
Frutta	Ávöxtur
Giochi	Leikir
Griglia	Grill
Insalate	Salöt
Invito	Boð
Musica	Tónlist
Pepe	Pipar
Pollo	Kjúklingur
Pomodori	Tómatar
Pranzo	Hádegisverður
Sale	Salt
Salsa	Sósa

Bellezza
Fegurð

Colore	Litur
Cosmetici	Snyrtivörur
Elegante	Glæsilegur
Eleganza	Glæsileiki
Fascino	Heilla
Forbici	Skæri
Fotogenico	Ljósmyndin
Fragranza	Ilmur
Grazia	Náð
Mascara	Maskara
Oli	Olíur
Pelle	Húð
Prodotti	Vörur
Profumo	Lykt
Riccioli	Krulla
Rossetto	Varalitur
Servizi	Þjónusta
Shampoo	Sjampó
Specchio	Spegill
Stilista	Stílisti

Biologia
Líffræði

Anatomia	Líffærafræði
Batteri	Bakteríur
Cellula	Fruma
Collagene	Kollagen
Cromosoma	Litning
Embrione	Fræði
Enzima	Ensím
Evoluzione	Þróun
Fotosintesi	Ljóstillífun
Mammifero	Spendýr
Mutazione	Stökkbreyting
Naturale	Náttúrulegt
Nervo	Taug
Neurone	Taugafruma
Ormone	Hormón
Osmosi	Osmósu
Proteina	Prótín
Rettile	Skriðdýr
Simbiosi	Sambýli
Sinapsi	Synapse

Caffè
Kaffi

Acido	Súr
Acqua	Vatn
Amaro	Bitur
Aroma	Ilmur
Arrostito	Brennt
Bevanda	Drykkur
Caffeina	Koffín
Crema	Rjóma
Filtro	Sía
Gusto	Bragð
Latte	Mjólk
Liquido	Fljótandi
Macinare	Mala
Mattina	Morgunn
Nero	Svart
Origine	Uppruna
Prezzo	Verð
Tazza	Bolli
Varietà	Fjölbreytni
Zucchero	Sykur

Campeggio
Tjaldstæði

Alberi	Tré
Amaca	Hengirúm
Animali	Dýr
Avventura	Ævintýri
Bussola	Áttavita
Cabina	Klefa
Caccia	Veiða
Canoa	Kanó
Cappello	Hattur
Corda	Reipi
Divertimento	Gaman
Foresta	Skógur
Fuoco	Eldur
Insetto	Skordýr
Lago	Stöðuvatn
Luna	Tungl
Mappa	Kort
Montagna	Fjall
Natura	Náttúran
Tenda	Tjald

Casa
Húsið

Attico	Háaloftinu
Biblioteca	Bókasafn
Camera	Herbergi
Camino	Arinn
Cucina	Eldhús
Doccia	Sturtu
Finestra	Gluggi
Garage	Bílskúr
Giardino	Garður
Lampada	Lampi
Parete	Vegg
Pavimento	Hæð
Porta	Hurð
Recinto	Girðing
Rubinetto	Brann
Scopa	Kústur
Soffitto	Loft
Specchio	Spegill
Tappeto	Gólfmotta
Tetto	Þak

Chimica
Efnafræði

Acido	Sýra
Alcalino	Súr
Atomico	Lotukerfinu
Calore	Hita
Carbonio	Kolefni
Catalizzatore	Hvati
Cloro	Klór
Elettrone	Rafeind
Enzima	Ensím
Gas	Gas
Idrogeno	Vetni
Ione	Jón
Liquido	Fljótandi
Molecola	Sameind
Nucleare	Kjarnorku
Organico	Lífrænt
Ossigeno	Súrefni
Peso	Þyngd
Sale	Salt
Temperatura	Hitastig

Cibo #1
Matur #1

Aglio	Hvítlaukur
Basilico	Basil
Cannella	Kanil
Carne	Kjöt
Carota	Gulrót
Cipolla	Laukur
Fragola	Jarðarber
Insalata	Salat
Latte	Mjólk
Limone	Sítrónu
Menta	Myntu
Orzo	Bygg
Pera	Pera
Rapa	Næpa
Sale	Salt
Spinaci	Spínat
Succo	Safa
Tonno	Túnfiskur
Torta	Kaka
Zucchero	Sykur

Cibo #2
Matur #2

Banana	Banani
Broccolo	Spergilkál
Ciliegia	Kirsuber
Cioccolato	Súkkulaði
Formaggio	Ostur
Fungo	Sveppir
Grano	Hveiti
Kiwi	Kíví
Mela	Epli
Melanzana	Eggaldin
Pane	Brauð
Pesce	Fiskur
Pollo	Kjúklingur
Pomodoro	Tómat
Prosciutto	Skinka
Riso	Hrísgrjón
Sedano	Sellerí
Uovo	Egg
Uva	Vínber
Yogurt	Jógúrt

Cioccolato
Súkkulaði

Amaro	Bitur
Antiossidante	Andoxunarefni
Arachidi	Hnetum
Aroma	Ilmur
Artigianale	Handverk
Cacao	Kakó
Calorie	Hitaeiningar
Caramella	Nammi
Caramello	Karamella
Delizioso	Ljúffengur
Dolce	Sætur
Esotico	Framandi
Gusto	Bragð
Ingrediente	Efni
Noce di Cocco	Kókoshneta
Polvere	Duft
Preferito	Uppáhalds
Qualità	Gæði
Ricetta	Uppskrift
Zucchero	Sykur

Città
Bærinn

Aeroporto	Flugvöllur
Banca	Banki
Biblioteca	Bókasafn
Cinema	Kvikmyndahús
Farmacia	Apótek
Fiorista	Blómabúð
Galleria	Gallerí
Hotel	Hótel
Libreria	Bókabúð
Mercato	Markaður
Museo	Safn
Negozio	Verslun
Panetteria	Bakarí
Salone	Snyrtistofa
Scuola	Skóli
Stadio	Völlinn
Supermercato	Matvörubúð
Teatro	Leikhús
Università	Háskóli
Zoo	Dýragarður

Corpo Umano
Mannslíkaminn

Bocca	Munnur
Caviglia	Ökkla
Cervello	Heili
Collo	Háls
Cuore	Hjarta
Dito	Fingur
Faccia	Andlit
Gamba	Fótur
Ginocchio	Hné
Gomito	Olnboga
Mano	Hönd
Mento	Höku
Naso	Nef
Occhio	Auga
Orecchio	Eyra
Pelle	Húð
Sangue	Blóð
Spalla	Öxl
Stomaco	Magi
Testa	Höfuð

Cucina
Eldhús

Bacchette	Pinnar
Bollitore	Ketill
Brocca	Könnu
Cibo	Matur
Ciotola	Skál
Coltelli	Hnífa
Congelatore	Frysti
Cucchiai	Skeiðar
Forchette	Forks
Forno	Ofn
Frigorifero	Ísskápur
Grembiule	Svuntu
Griglia	Grill
Mestolo	Ausa
Ricetta	Uppskrift
Spezie	Krydd
Spugna	Svampur
Tazze	Bolla
Tovagliolo	Servíetta
Vaso	Krukku

Diplomazia
Samningaviðræðum

Ambasciata	Sendiráð
Ambasciatore	Sendiherra
Cittadini	Borgarar
Civico	Civic
Comunità	Samfélag
Conflitto	Átök
Consigliere	Ráðgjafi
Cooperazione	Samstarf
Diplomatico	Diplomatic
Discussione	Umræða
Etica	Siðfræði
Giustizia	Réttlæti
Governo	Ríkisstjórn
Integrità	Heilindi
Politica	Stjórnmál
Risoluzione	Ályktun
Sicurezza	Öryggi
Soluzione	Lausn
Trattato	Sáttmáli
Umanitario	Mannræði

Discipline Scientifiche
Vísindalegum Greinum

Anatomia	Líffærafræði
Astronomia	Stjörnufræði
Biochimica	Lífefnafræði
Biologia	Líffræði
Botanica	Grasafræði
Chimica	Efnafræði
Ecologia	Vistfræði
Fisiologia	Lífeðlisfræði
Geologia	Jarðfræði
Immunologia	Ónæmisfræði
Linguistica	Málvísindi
Meccanica	Vélfræði
Meteorologia	Veðurfræði
Mineralogia	Steindafræði
Neurologia	Taugafræði
Nutrizione	Næring
Psicologia	Sálfræði
Sociologia	Félagsfræði
Termodinamica	Varmafræði
Zoologia	Dýrafræði

Edifici
Byggingar

Ambasciata	Sendiráð
Appartamento	Íbúð
Cabina	Klefa
Casa	Hús
Castello	Kastali
Cinema	Kvikmyndahús
Fabbrica	Verksmiðju
Fattoria	Bær
Fienile	Hlöðu
Hotel	Hótel
Museo	Safn
Ospedale	Sjúkrahús
Osservatorio	Observatory
Scuola	Skóli
Stadio	Völlinn
Supermercato	Matvörubúð
Teatro	Leikhús
Tenda	Tjald
Torre	Turn
Università	Háskóli

Elettricità
Rafmagn

Attrezzatura	Búnaður
Batteria	Rafhlaða
Cavo	Kabel
Conservazione	Geymsla
Elettricista	Rafvirki
Elettrico	Rafmagns
Fili	Vír
Generatore	Rafall
Lampada	Lampi
Lampadina	Peru
Laser	Leysir
Magnete	Segull
Negativo	Mínus
Oggetti	Hluti
Positivo	Jákvætt
Presa	Innstunga
Quantità	Magn
Rete	Net
Telefono	Sími
Televisione	Sjónvarp

Emozioni
Tilfinningar

Amore	Ást
Beatitudine	Sæla
Calma	Logn
Contenuto	Efni
Eccitato	Spennt
Gentilezza	Góðvild
Gioia	Gleði
Grato	Þakklátur
Imbarazzato	Vandræðalegur
Noia	Leiðindi
Pace	Friður
Paura	Ótti
Rabbia	Reiði
Rilassato	Afslappaður
Rilievo	Léttir
Simpatia	Samúð
Soddisfatto	Fullnægt
Tenerezza	Eymsli
Tranquillità	Ró
Tristezza	Sorg

Energia
Orka

Ambiente	Umhverfi
Batteria	Rafhlaða
Benzina	Bensín
Calore	Hita
Carbonio	Kolefni
Carburante	Eldsneyti
Diesel	Dísel
Elettrico	Rafmagns
Elettrone	Rafeind
Entropia	Óreiða
Fotone	Ljóseind
Idrogeno	Vetni
Industria	Iðnaður
Inquinamento	Mengun
Motore	Vél
Nucleare	Kjarnorku
Rinnovabile	Endurnýjanleg
Turbina	Túrbína
Vapore	Gufu
Vento	Vindur

Erboristeria
Grasalækningar

Aglio	Hvítlaukur
Aneto	Dill
Aromatico	Ilmandi
Basilico	Basil
Culinario	Matreiðslu
Dragoncello	Estragon
Finocchio	Fennel
Fiore	Blóm
Giardino	Garður
Ingrediente	Efni
Lavanda	Lofnarblóm
Maggiorana	Marjoram
Menta	Myntu
Origano	Oregano
Prezzemolo	Steinselja
Qualità	Gæði
Rosmarino	Rósmarín
Timo	Timjan
Verde	Grænt
Zafferano	Saffran

Escursionismo
Gönguferðir

Acqua	Vatn
Animali	Dýr
Campeggio	Útjæða
Clima	Veðurfar
Guide	Leiðsögumenn
Mappa	Kort
Montagna	Fjall
Natura	Náttúran
Orientamento	Stefnumörkun
Parchi	Garður
Pesante	Þungt
Pietre	Steinar
Preparazione	Undirbúningur
Scogliera	Bjarg
Selvaggio	Villt
Sole	Sól
Stanco	Þreyttur
Stivali	Stígvél
Vertice	Fundinum
Zanzare	Moskítóflugur

Fantascienza
Vísindaskáldskapur

Atomico	Lotukerfinu
Cinema	Kvikmyndahús
Distopia	Dystópía
Esplosione	Sprenging
Estremo	Extreme
Fantastico	Frábær
Fuoco	Eldur
Galassia	Galaxy
Illusione	Blekking
Immaginario	Ímyndað
Libri	Bækur
Misterioso	Dularfullur
Mondo	Heimur
Oracolo	Véfrétt
Pianeta	Reikistjarna
Realistico	Raunhæft
Robot	Vélmenni
Scenario	Atburðarás
Tecnologia	Tækni
Utopia	Útópía

Fattoria #1
Bær #1

Acqua	Vatn
Agricoltura	Landbúnaður
Ape	Bí
Asino	Asni
Campo	Engi
Cane	Hundur
Capra	Geit
Cavallo	Hestur
Fertilizzante	Áburður
Fieno	Hey
Gatto	Köttur
Gregge	Flokkur
Maiale	Svín
Miele	Hunang
Mucca	Kýr
Pollo	Kjúklingur
Recinto	Girðing
Riso	Hrísgrjón
Semi	Fræ
Vitello	Kálfur

Fattoria #2
Bær #2

Agnello	Lamb
Agricoltore	Bóndi
Alveare	Býflugnabú
Anatra	Önd
Animali	Dýr
Cibo	Matur
Fienile	Hlöðu
Frutta	Ávöxtur
Frutteto	Aldingarður
Grano	Hveiti
Irrigazione	Áveitu
Lama	Lamadýr
Latte	Mjólk
Mais	Korn
Oche	Gæsir
Orzo	Bygg
Pastore	Hirðir
Pecora	Kind
Prato	Engi
Trattore	Dráttarvél

Filantropia
Góðgerðarstarfsemi

Bambini	Börn
Bisogno	Þörf
Comunità	Samfélag
Contatti	Tengiliði
Donare	Gefa
Finanza	Fjármál
Fondi	Fé
Generosità	Örlæti
Gioventù	Æsku
Globale	Alþjóðlegt
Gruppi	Hópa
Missione	Verkefni
Obiettivi	Markmið
Onestà	Heiðarleiki
Persone	Fólk
Programmi	Forrit
Pubblico	Opinber
Sfide	Áskoranir
Storia	Saga
Umanità	Mannkynið

Fiori
Blóm

Dente di Leone	Fífill
Gardenia	Toga
Gelsomino	Jasmine
Giglio	Lily
Girasole	Sólblóm
Ibisco	Hibiscus
Lavanda	Lofnarblóm
Lilla	Líla
Magnolia	Magnolia
Margherita	Daisy
Mazzo	Vönd
Orchidea	Orchid
Papavero	Poppy
Passiflora	Ástríðublóm
Peonia	Peony
Petalo	Krónublað
Plumeria	Plumeria
Rosa	Rós
Trifoglio	Smári
Tulipano	Túlipan

Fisica
Eðlisfræði

Accelerazione	Hröðun
Atomo	Atóm
Caos	Roða
Chimico	Efni
Densità	Þéttleiki
Elettrone	Rafeind
Espansione	Stækkun
Formula	Formúla
Frequenza	Tíðni
Gas	Gas
Gravità	Þyngdarafl
Magnetismo	Segulmagn
Meccanica	Vélfræði
Molecola	Sameind
Motore	Vél
Nucleare	Kjarnorku
Particella	Ögn
Relatività	Afstæði
Universale	Alhliða
Velocità	Hraða

Foresta Pluviale
Regnskógur

Anfibi	Froskdýr
Botanico	Botanical
Clima	Veðurfar
Comunità	Samfélag
Diversità	Fjölbreytni
Giungla	Frumskógur
Indigeno	Frumbyggja
Insetti	Skordýr
Mammiferi	Spendýr
Muschio	Moss
Natura	Náttúran
Nuvole	Ský
Preservazione	Varðveislu
Prezioso	Dýrmætur
Restauro	Endurreisn
Rifugio	Athvarf
Rispetto	Virðing
Sopravvivenza	Lifun
Specie	Tegund
Uccelli	Fuglar

Forme
Form

Angolo	Horn
Arco	Arc
Bordi	Brúnir
Cerchio	Hring
Cilindro	Strokka
Cono	Keila
Cubo	Teningur
Curva	Ferill
Ellisse	Sporbaug
Iperbole	Hyperbola
Lato	Hlið
Linea	Lína
Ovale	Sporöskjulaga
Piramide	Pýramída
Poligono	Marghyrning
Prisma	Prism
Quadrato	Ferningur
Rettangolo	Rétthyrningur
Sfera	Kúla
Triangolo	Þríhyrningur

Forniture Artistiche
List Vistir

Acqua	Vatn
Acquerelli	Vatnslitir
Acrilico	Akrýl
Argilla	Leir
Carbone	Kol
Carta	Pappír
Cavalletto	Glæsla
Colla	Lím
Colori	Liti
Creatività	Sköpun
Gomma	Strokleður
Idee	Hugmyndir
Inchiostro	Blek
Matite	Blýantar
Olio	Olía
Pastelli	Pastellitir
Sedia	Stól
Spazzole	Burstar
Tavolo	Borð
Telecamera	Myndavél

Forza e Gravità
Kraftur og Þyngdarafl

Asse	Ás
Attrito	Núning
Centro	Miðja
Dinamico	Kvik
Distanza	Fjarlægð
Espansione	Stækkun
Fisica	Eðlisfræði
Impatto	Áhrif
Magnetismo	Segulmagn
Meccanica	Vélfræði
Movimento	Hreyfing
Orbita	Sporbraut
Peso	Þyngd
Pressione	Þrýstingur
Proprietà	Eignir
Scoperta	Uppgötvun
Slancio	Skriðþunga
Tempo	Tími
Universale	Alhliða
Velocità	Hraði

Frutta
Ávextir

Albicocca	Apríkósa
Ananas	Ananas
Arancia	Appelsína
Avocado	Avókadó
Bacca	Ber
Banana	Banani
Ciliegia	Kirsuber
Kiwi	Kíví
Lampone	Hindberjum
Limone	Sítrónu
Mango	Mangó
Mela	Epli
Melone	Melóna
Mora	Brómber
Nettarina	Nectarine
Papaia	Papaya
Pera	Pera
Pesca	Ferskja
Prugna	Plóma
Uva	Vínber

Geografia
Landafræði

Altitudine	Hæð
Atlante	Atlas
Città	Borg
Continente	Álfunni
Emisfero	Jarðar
Fiume	River
Isola	Eyja
Latitudine	Breidd
Longitudine	Lengdargráðu
Mappa	Kort
Mare	Sjó
Meridiano	Meridian
Mondo	Heimur
Montagna	Fjall
Nord	Norður
Ovest	Vestur
Paese	Land
Regione	Svæði
Sud	Suður
Territorio	Yfirráðasvæði

Geologia
Jarðfræði

Acido	Sýra
Altopiano	Hálendi
Calcio	Kalsíum
Caverna	Helli
Continente	Álfunni
Corallo	Kórall
Cristalli	Kristallar
Erosione	Rof
Geyser	Goshver
Lava	Hraun
Minerali	Steinefni
Pietra	Steinn
Quarzo	Kvars
Sale	Salt
Stalagmiti	Stalagmites
Stalattite	Stalactite
Strato	Lag
Terremoto	Jarðskjálfti
Vulcano	Eldfjall
Zona	Svæði

Geometria
Rúmfræði

Altezza	Hæð
Angolo	Horn
Calcolo	Útreikning
Cerchio	Hring
Curva	Ferill
Diametro	Þvermál
Dimensione	Vídd
Equazione	Jafna
Logica	Rökfræði
Mediano	Miðgildi
Numero	Númer
Orizzontale	Lárétt
Parallelo	Samhliða
Proporzione	Hlutfall
Segmento	Hluti
Simmetria	Samhverfu
Superficie	Yfirborð
Teoria	Kenning
Triangolo	Þríhyrningur
Verticale	Lóðrétt

Giardinaggio
Garðyrkja

Acqua	Vatn
Botanico	Botanical
Clima	Veðurfar
Commestibile	Ætur
Compost	Molta
Contenitore	Ílát
Esotico	Framandi
Fiorire	Blómstra
Floreale	Blóma
Foglia	Lauf
Fogliame	Sm
Frutteto	Aldingarður
Mazzo	Vönd
Semi	Fræ
Specie	Tegund
Sporco	Óhreinindi
Stagionale	Opin
Suolo	Jarðvegur
Tubo	Slönguna
Umidità	Raki

Giardino
Garðinum

Albero	Tré
Amaca	Hengirúm
Cespuglio	Bush
Erba	Gras
Erbacce	Illgresi
Fiore	Blóm
Frutteto	Aldingarður
Garage	Bílskúr
Giardino	Garður
Pala	Moka
Panca	Bekkur
Prato	Grasflöt
Rastrello	Hrífa
Recinto	Girðing
Stagno	Tjörn
Suolo	Jarðvegur
Terrazza	Verönd
Trampolino	Trampólín
Tubo	Slönguna
Vite	Vínviður

Giorni e Mesi
Dagar og Mánuðir

Agosto	Ágúst
Anno	Ár
Aprile	Apríl
Calendario	Dagatal
Dicembre	Desember
Domenica	Sunnudagur
Febbraio	Febrúar
Gennaio	Janúar
Giugno	Júní
Luglio	Júlí
Lunedì	Mánudagur
Martedì	Þriðjudagur
Mercoledì	Miðvikudagur
Mese	Mánuður
Novembre	Nóvember
Ottobre	Október
Sabato	Laugardagur
Settembre	September
Settimana	Vika
Venerdì	Föstudagur

Governo
Ríkisstjórn

Capo	Leiðtogi
Civile	Borgaraleg
Costituzione	Stjórnarskrá
Democrazia	Lýðræði
Discorso	Ræðu
Discussione	Umræða
Giudiziario	Dóms
Giustizia	Réttlæti
Indipendenza	Sjálfstæði
Legale	Löglegur
Legge	Lög
Libertà	Frelsi
Monumento	Minnismerki
Nazionale	Þjóðlegur
Nazione	Þjóð
Politica	Stjórnmál
Quartiere	Umdæmi
Simbolo	Tákn
Stato	Ríki
Uguaglianza	Jafnrétti

Guida
Akstur

Auto	Bíll
Autobus	Rútu
Carburante	Eldsneyti
Freni	Bremsur
Garage	Bílskúr
Gas	Gas
Incidente	Slys
Licenza	Leyfi
Mappa	Kort
Moto	Mótorhjól
Motore	Mótor
Pedonale	Gangandi
Pericolo	Hætta
Polizia	Lögreglan
Sicurezza	Öryggi
Strada	Vegur
Traffico	Umferð
Trasporto	Samgöngur
Tunnel	Göng
Velocità	Hraði

I Media
Fjölmiðlarnir

Commerciale	Auglýsing
Comunicazione	Samskipti
Digitale	Stafræn
Edizione	Útgáfa
Educazione	Menntun
Fatti	Staðreyndir
Finanziamento	Fjármögnun
Foto	Myndir
Giornali	Dagblöð
Individuale	Einstaklingur
Industria	Iðnaður
Intellettuale	Vitsmunalegum
Locale	Staðbær
Online	Á Netinu
Opinione	Álit
Pubblicità	Auglýsingar
Pubblico	Opinber
Radio	Útvarp
Rete	Net
Televisione	Sjónvarp

Imbarcazioni
Bátar

Albero	Mastur
Ancora	Akkeri
Barca a Vela	Seglbátur
Boa	Bau
Canoa	Kanó
Corda	Reipi
Equipaggio	Áhöfn
Fiume	River
Kayak	Kajak
Lago	Stöðuvatn
Mare	Sjó
Marea	Fjöru
Marinaio	Sjómaður
Motore	Vél
Nautico	Sjómanna
Oceano	Haf
Onde	Öldur
Traghetto	Ferja
Yacht	Snekkju
Zattera	Fleki

Ingegneria
Verkfræði

Angolo	Horn
Asse	Ás
Calcolo	Útreikning
Costruzione	Smíði
Diagramma	Skýringarmynd
Diametro	Þvermál
Diesel	Dísel
Distribuzione	Dreifing
Energia	Orka
Forza	Styrkur
Ingranaggi	Gír
Leve	Stangir
Liquido	Fljótandi
Macchina	Vél
Misurazione	Mæling
Profondità	Dýpt
Propulsione	Knýja
Rotazione	Snúningur
Stabilità	Stöðugleiki
Struttura	Bygging

Insetti
Skordýr

Afide	Plöntulús
Ape	Bí
Calabrone	Hornet
Cavalletta	Graskúla
Cicala	Cicada
Coccinella	Frípur
Coleottero	Bjalla
Falena	Möl
Farfalla	Fiðrildi
Formica	Maur
Larva	Lirva
Libellula	Dragonfly
Locusta	Engisprettur
Mantide	Mantis
Pulce	Fló
Scarafaggio	Kakkalakki
Termite	Termite
Verme	Ormur
Vespa	Geitungur
Zanzara	Fluga

Jazz
Djass

Album	Plötu
Applauso	Lófaklapp
Artista	Listamaður
Canzone	Lag
Compositore	Tónskáld
Composizione	Samsetning
Concerto	Tónleikar
Enfasi	Áhersla
Famoso	Frægur
Genere	Tegund
Improvvisazione	Spuni
Musica	Tónlist
Nuovo	Nýtt
Orchestra	Hljómsveit
Preferiti	Eftirlæti
Ritmo	Taktur
Stile	Stíl
Talento	Hæfileiki
Tecnica	Tækni
Vecchio	Gamall

L'Azienda
Fyrirtækið

Creativo	Skapandi
Decisione	Ákvörðun
Globale	Alþjóðlegt
Industria	Iðnaður
Innovativo	Nýjar
Investimento	Fjárfesting
Occupazione	Atvinna
Possibilità	Möguleika
Presentazione	Kynning
Prodotto	Vöru
Professionale	Faglegur
Progresso	Framfarir
Qualità	Gæði
Reddito	Tekjur
Reputazione	Orðspor
Rischi	Áhætta
Risorse	Auðlindir
Salari	Laun
Tendenze	Þróun
Unità	Einingar

Letteratura
Bókmenntir

Analisi	Greining
Analogia	Líkingar
Aneddoto	E.
Autore	Höfundur
Biografia	Ævisaga
Conclusione	Niðurstaða
Confronto	Samanburður
Descrizione	Lýsing
Dialogo	Umræðu
Genere	Tegund
Metafora	Myndlíking
Opinione	Álit
Poesia	Ljóð
Poetico	Ljóðræn
Rima	Rím
Ritmo	Taktur
Romanzo	Skáldsaga
Stile	Stíl
Tema	Þema
Tragedia	Harmleikur

Libri
Bækur

Autore	Höfundur
Avventura	Ævintýri
Collezione	Safn
Contesto	Samhengi
Dualità	Tvíeðli
Epico	Epic
Inventivo	Frumleg
Letterario	Bókmennta
Lettore	Lesandi
Narratore	Sögumaður
Pagina	Síða
Poesia	Ljóð
Rilevante	Viðeigandi
Romanzo	Skáldsaga
Scritto	Skrifað
Serie	Röð
Storia	Saga
Storico	Sögulegt
Tragico	Hörmulega
Umoristico	Gamansamur

Malattia
Sjúkdómurinn

Acuto	Bráð
Addominale	Kvið
Allergie	Ofnæmi
Batterico	Baktería
Benessere	Vellíðan
Contagioso	Smitandi
Corpo	Líkami
Cronico	Langvarandi
Cuore	Hjarta
Debole	Veik
Ereditario	Arfgengur
Immunità	Ónæmi
Infiammazione	Bólga
Lombare	Lumbar
Neuropatia	Taugakvilla
Polmonare	Lungum
Respiratorio	Öndunarfæri
Salute	Heilsa
Sindrome	Heilkenni
Terapia	Meðferð

Mammiferi
Spendýr

Balena	Hvalur
Cane	Hundur
Canguro	Kengúra
Cavallo	Hestur
Cervo	Dádýr
Coniglio	Kanína
Coyote	Sléttuúlfur
Delfino	Höfrungur
Elefante	Fíl
Gatto	Köttur
Giraffa	Gíraffi
Gorilla	Górilla
Leone	Ljón
Lupo	Úlfur
Orso	Björn
Pecora	Kind
Scimmia	Api
Toro	Naut
Volpe	Refur
Zebra	Zebra

Matematica
Stærðfræði

Angoli	Horn
Aritmetica	Tölur
Circonferenza	Ummál
Decimale	Aukastaf
Diametro	Þvermál
Divisione	Deild
Equazione	Jafna
Esponente	Veldisvísir
Frazione	Brot
Geometria	Rúmfræði
Parallelo	Samhliða
Parallelogramma	Hjálíðalogram
Perimetro	Jaðar
Poligono	Marghyrning
Quadrato	Ferningur
Rettangolo	Rétthyrningur
Simmetria	Samhverfu
Somma	Summa
Triangolo	Þríhyrningur
Volume	Bindi

Meditazione
Hugleiðsla

Accettazione	Samþykki
Attenzione	Athygli
Calma	Logn
Chiarezza	Skýrleiki
Compassione	Samúð
Emozioni	Tilfinningar
Felicità	Hamingja
Gentilezza	Góðvild
Gratitudine	Þakklæti
Mentale	Andlegt
Mente	Huga
Movimento	Samtök
Musica	Tónlist
Natura	Náttúran
Osservazione	Athugun
Pace	Friður
Pensieri	Hugsanir
Prospettiva	Sjónarhorni
Respirazione	Öndun
Silenzio	Þögn

Meteo
Veður

Arcobaleno	Regnbogi
Asciutto	Þurrt
Atmosfera	Stjórnmál
Brezza	Gola
Cielo	Himinn
Clima	Veðurfar
Fulmine	Elding
Ghiaccio	Ís
Monsone	Monsún
Nebbia	Þóka
Nube	Ský
Polare	Polar
Siccità	Þurrkar
Temperatura	Hitastig
Tempesta	Stormur
Tornado	Tornado
Tropicale	Tropical
Tuono	Þrumur
Uragano	Fellibylur
Vento	Vindur

Misurazioni
Mælingar

Altezza	Hæð
Byte	Bæti
Centimetro	Sentimetr
Chilogrammo	Kíló
Chilometro	Kílómetra
Decimale	Aukastaf
Grado	Gráða
Grammo	Gramm
Larghezza	Breidd
Litro	Lítri
Lunghezza	Lengd
Metro	Mælir
Minuto	Mínúta
Oncia	Únsa
Peso	Þyngd
Pinta	Hálfpottur
Pollice	Tommu
Profondità	Dýpt
Tonnellata	Tonn
Volume	Bindi

Mitologia
Goðafræði

Archetipo	Arketype
Comportamento	Hegðun
Creatura	Skepna
Creazione	Sköpun
Credenze	Viðhorf
Cultura	Menning
Disastro	Hörmung
Eroe	Hetja
Forza	Styrkur
Fulmine	Elding
Gelosia	Öfund
Guerriero	Stríðsmaður
Immortalità	Ódauðleika
Labirinto	Völundarhús
Leggenda	Þjóðsaga
Magico	Töfrandi
Mortale	Dauðleg
Mostro	Skrímsli
Tuono	Þrumur
Vendetta	Hefnd

Moda
Tíska

Abbigliamento	Fatnað
Boutique	Boutique
Caro	Dýr
Confortevole	Þægilegt
Elegante	Glæsilegur
Minimalista	Lægstur
Misure	Mælingar
Modello	Mynstur
Moderno	Nútíma
Modesto	Hógvær
Originale	Originlegt
Pizzo	Reima
Pratico	Hagnýt
Pulsanti	Hnappa
Ricamo	Útsaumur
Semplice	Einfalt
Stile	Stíl
Tendenza	Stefna
Tessuto	Efni
Trama	Áferð

Natura
Náttúran

Animali	Dýr
Api	Býflugur
Artico	Arktískur
Bellezza	Fegurð
Deserto	Eyðimörk
Dinamico	Kvik
Erosione	Rof
Fiume	River
Fogliame	Sm
Foresta	Skógur
Ghiacciaio	Jökull
Montagne	Fjöll
Nebbia	Þoka
Nuvole	Ský
Rifugio	Skjól
Santuario	Helgidómur
Selvaggio	Villt
Sereno	Serene
Tropicale	Tropical
Vitale	Líflegt

Numeri
Tölur

Cinque	Fimm
Decimale	Aukastaf
Diciannove	Nítján
Diciassette	Sautján
Diciotto	Átján
Dieci	Tíu
Dodici	Tólf
Due	Tveir
Nove	Níu
Otto	Átta
Quattordici	Fjórtán
Quattro	Fjórir
Quindici	Fimmtán
Sedici	Sextán
Sei	Sex
Sette	Sjö
Tre	Þrír
Tredici	Þrettán
Venti	Tuttugu
Zero	Núll

Nutrizione
Næringu

Amaro	Bitur
Appetito	Matarlyst
Bilanciato	Rólegur
Calorie	Hitaeiningar
Carboidrati	Kolvetni
Commestibile	Ætur
Dieta	Mataræði
Digestione	Melting
Fermentazione	Gerjun
Liquidi	Vökva
Nutriente	Næringarefni
Peso	Þyngd
Proteine	Prótein
Qualità	Gæði
Salsa	Sósa
Salute	Heilsa
Sano	Heilbrigður
Spezie	Krydd
Tossina	Eiturefni
Vitamina	Vítamín

Oceano
Haf

Anguilla	Áll
Balena	Hvalur
Barca	Bátur
Corallo	Kórall
Delfino	Höfrungur
Gamberetto	Rækja
Granchio	Krabbi
Maree	Sjávarföll
Medusa	Marglytta
Onde	Öldur
Ostrica	Ostra
Pesce	Fiskur
Polpo	Kolkrabbi
Sale	Salt
Scogliera	Rif
Spugna	Svampur
Squalo	Hákarl
Tartaruga	Skjaldbaka
Tempesta	Stormur
Tonno	Túnfiskur

Paesaggi
Landslag

Cascata	Foss
Collina	Hæð
Deserto	Eyðimörk
Fiume	River
Geyser	Goshver
Ghiacciaio	Jökull
Grotta	Helli
Iceberg	Ísberg
Isola	Eyja
Lago	Stöðuvatn
Mare	Sjó
Montagna	Fjall
Oasi	Vin
Oceano	Haf
Palude	Mýri
Penisola	Skagi
Spiaggia	Fjara
Tundra	Tundra
Valle	Dalur
Vulcano	Eldfjall

Paesi #1
Löndum #1

Brasile	Brasilía
Cambogia	Kambódía
Canada	Kanada
Egitto	Egyptaland
Finlandia	Finnland
Germania	Þýskaland
India	Indland
Iraq	Írak
Israele	Ísrael
Libia	Líbýa
Mali	Malí
Marocco	Marokkó
Norvegia	Noregur
Panama	Panama
Polonia	Pólland
Romania	Rúmenía
Senegal	Senegal
Spagna	Spánn
Venezuela	Venesúela
Vietnam	Víetnam

Paesi #2
Löndum #2

Albania	Albanía
Danimarca	Danmörk
Etiopia	Eþíópía
Giamaica	Jamaíka
Giappone	Japan
Grecia	Grikkland
Haiti	Haítí
Indonesia	Indónesía
Irlanda	Írland
Laos	Laos
Liberia	Líbería
Messico	Mexíkó
Nepal	Nepal
Nigeria	Nígería
Pakistan	Pakistan
Russia	Rússland
Siria	Sýrland
Sudan	Súdan
Ucraina	Úkraína
Uganda	Úganda

Piante
Plöntur

Albero	Tré
Bacca	Ber
Bambù	Bambus
Botanica	Grasafræði
Cactus	Kaktus
Cespuglio	Bush
Crescere	Vaxa
Edera	Ivy
Erba	Gras
Fagiolo	Baun
Fertilizzante	Áburður
Fiore	Blóm
Flora	Flora
Fogliame	Sm
Foresta	Skógur
Giardino	Garður
Muschio	Moss
Petalo	Krónublað
Radice	Rót
Vegetazione	Gróður

Professioni #1
Störfum #1

Allenatore	Þjálfari
Ambasciatore	Sendiherra
Artista	Listamaður
Atleta	Íþróttamaður
Avvocato	Lögmaður
Ballerino	Dansari
Banchiere	Bankastjóri
Cacciatore	Veiðimaður
Contabile	Endurskoðandi
Editore	Ritstjóri
Geologo	Jarðfræðingur
Gioielliere	Skartgripir
Marinaio	Sjómaður
Meccanico	Vélvirki
Medico	Læknir
Pianista	Píanóleikari
Psicologo	Sálfræðingur
Sarto	Klæðskeri
Scienziato	Vísindamaður
Veterinario	Dýralæknir

Professioni #2
Störfum #2

Agricoltore	Bóndi
Astronauta	Geimfari
Biologo	Líffræðingur
Chimico	Efnafræðingur
Chirurgo	Skurðlæknir
Dentista	Tannlækni
Detective	Einkaspæjara
Editore	Útgefandi
Filosofo	Heimspekingur
Fotografo	Ljósmyndari
Giornalista	Blaðamaður
Illustratore	Teiknari
Ingegnere	Verkfræðingur
Insegnante	Kennari
Investigatore	Rannsakanda
Medico	Lækni
Pilota	Flugmaður
Pittore	Málari
Ricercatore	Rannsóknir
Zoologo	Dýrafræðingur

Psicologia
Sálfræði

Clinico	Klínísk
Cognizione	Vitsmuni
Comportamento	Hegðun
Conflitto	Átök
Ego	Egó
Emozioni	Tilfinningar
Esperienze	Reynslu
Idee	Hugmyndir
Infanzia	Barnæska
Influenze	Áhrif
Pensieri	Hugsanir
Percezione	Skynjun
Personalità	Persónuleiki
Problema	Vandamál
Realtà	Veruleiki
Ricordi	Minningar
Sensazione	Æsifregn
Sogni	Draumar
Terapia	Meðferð
Valutazione	Mat

Riscaldamento Globale
Hnattræn Hlýnun

Ambientale	Umhverfis
Artico	Arktískur
Attenzione	Athygli
Clima	Veðurfar
Crisi	Kreppa
Dati	Gögn
Energia	Orka
Futuro	Framtíð
Gas	Gas
Generazioni	Kynslóðir
Governo	Ríkisstjórn
Habitat	Búsvæði
Industria	Iðnaður
Internazionale	Alþjóðleg
Legislazione	Löggjöf
Ora	Núna
Popolazioni	Íbúa
Scienziato	Vísindamaður
Sviluppo	Þróun
Temperature	Hitastig

Ristorante #2
Veitingastaður #2

Acqua	Vatn
Aperitivo	Forréttur
Bevanda	Drykkur
Cameriere	Þjónn
Cena	Kvöldmatur
Cucchiaio	Skeið
Delizioso	Ljúffengur
Forchetta	Gaffal
Frutta	Ávöxtur
Ghiaccio	Ís
Insalata	Salat
Minestra	Súpa
Pesce	Fiskur
Pranzo	Hádegisverður
Sale	Salt
Sedia	Stól
Spezie	Krydd
Torta	Kaka
Uova	Egg
Verdure	Grænmeti

Salute e Benessere #1
Heilsufar og Vellíðan #1

Abitudine	Venja
Altezza	Hæð
Attivo	Virkur
Batteri	Bakteríur
Fame	Hungur
Farmacia	Apótek
Frattura	Beinbrot
Lesione	Meiðslum
Medicina	Lyf
Medico	Læknir
Muscoli	Vöðva
Nervi	Taugar
Ormoni	Hormón
Ossa	Bein
Pelle	Húð
Riflesso	Viðbragð
Rilassamento	Slökun
Supplementi	Fæðubótarefni
Trattamento	Meðferð
Virus	Veira

Salute e Benessere #2
Heilsufar og Vellíðan #2

Allergia	Ofnæmi
Anatomia	Líffærafræði
Appetito	Matarlyst
Caloria	Kaloría
Corpo	Líkami
Dieta	Mataræði
Digestione	Melting
Disidratazione	Ofþornun
Energia	Orka
Genetica	Erfðafræði
Igiene	Hreinlæti
Infezione	Smitun
Malattia	Sjúkdómur
Massaggio	Nudd
Nutrizione	Næring
Ospedale	Sjúkrahús
Peso	Þyngd
Sangue	Blóð
Sano	Heilbrigður
Vitamina	Vítamín

Scacchi
Skák

Avversario	Mótmælandi
Bianco	Hvítur
Campione	Meistari
Concorso	Keppni
Diagonale	Ská
Giocatore	Leikmaður
Gioco	Leikur
Intelligente	Snjall
Nero	Svart
Passivo	Aðgerðalaus
Per Imparare	Að Læra
Punti	Stig
Re	Konungur
Regina	Drottning
Regole	Reglur
Sacrificio	Fórn
Sfide	Áskoranir
Strategia	Stefnu
Tempo	Tími
Torneo	Mót

Spezie
Krydd

Aglio	Hvítlaukur
Amaro	Bitur
Anice	Anís
Cannella	Kanil
Cardamomo	Kardemommu
Cipolla	Laukur
Coriandolo	Kóríander
Cumino	Kúmen
Curcuma	Túrmerik
Curry	Karrý
Dolce	Sætur
Finocchio	Fennel
Liquirizia	Lakkrís
Noce Moscata	Múskat
Paprika	Paprika
Pepe	Pipar
Sale	Salt
Vaniglia	Vanillu
Zafferano	Saffran
Zenzero	Engifer

Sport
Íþrótt

Allenatore	Þjálfari
Atleta	Íþróttamaður
Capacità	Getu
Cardiovascolare	Hjarta
Ciclismo	Hjóla
Corpo	Líkami
Danza	Dansa
Dieta	Mataræði
Forza	Styrkur
Jogging	Skokk
Massimizzare	Hámarka
Metabolico	Efnaskipti
Muscoli	Vöðva
Nutrizione	Næring
Obiettivo	Markmið
Ossa	Bein
Programma	Forrit
Resistenza	Þrek
Salute	Heilsa
Sportivo	Íþróttir

Strumenti Musicali
Hljóðfæri

Armonica	Munnhörpu
Arpa	Harpa
Banjo	Banjó
Chitarra	Gítar
Clarinetto	Klarinett
Fagotto	Fagott
Flauto	Flautu
Gong	Gong
Mandolino	Mandólín
Marimba	Marimba
Oboe	Óbó
Percussione	Slagverk
Pianoforte	Píanó
Sassofono	Saxófón
Tamburello	Bumbur
Tamburo	Tromma
Tromba	Trompet
Trombone	Básúna
Violino	Fiðlu
Violoncello	Selló

Tempo
Tíminn

Anno	Ár
Annuale	Árlega
Calendario	Dagatal
Decennio	Áratugur
Dopo	Eftir
Futuro	Framtíð
Giorno	Dagur
Ieri	Í Gær
Mattina	Morgunn
Mese	Mánuður
Mezzogiorno	Hádegi
Minuto	Mínúta
Notte	Nótt
Oggi	Í Dag
Ora	Klukkustund
Orologio	Klukka
Presto	Bráðum
Prima	Áður
Secolo	Öld
Settimana	Vika

Tipi di Capelli
Hárið Tegundir

Argento	Silfur
Asciutto	Þurr
Bianco	Hvítur
Biondo	Ljóshærður
Breve	Stutt
Calvo	Sköllóttur
Colorato	Litað
Grigio	Grár
Intrecciato	Fléttum
Liscio	Slétt
Lungo	Langt
Marrone	Brúnt
Morbido	Mjúkur
Nero	Svart
Riccio	Hrokkið
Riccioli	Krulla
Sano	Heilbrigður
Sottile	Þunnur
Spessore	Þykkur
Trecce	Fléttur

Uccelli
Fuglar

Airone	Heron
Anatra	Önd
Aquila	Örn
Cicogna	Storkur
Cigno	Svanur
Colomba	Dúfa
Cuculo	Gaukur
Falco	Haukur
Fenicottero	Flamingo
Gabbiano	Máfur
Oca	Gæs
Pappagallo	Páfagaukur
Passero	Sparrow
Pavone	Peacock
Pellicano	Pelican
Pinguino	Mörgæs
Pollo	Kjúklingur
Struzzo	Strútur
Tucano	Toucan
Uovo	Egg

Universo
Alheimurinn

Asteroide	Smástirni
Astronomia	Stjörnufræði
Atmosfera	Stjórnmál
Buio	Myrkur
Celeste	Himneti
Cielo	Himinn
Cosmico	Cosmic
Emisfero	Jarðar
Eone	Eon
Equatore	Miðbaugur
Galassia	Galaxy
Latitudine	Breidd
Longitudine	Lengdargráðu
Luna	Tungl
Orbita	Sporbraut
Solare	Sól
Solstizio	Sólstöður
Telescopio	Sjónauki
Visibile	Sýnlegt
Zodiaco	Dýrir

Veicoli
Ökutæki

Aereo	Flugvél
Ambulanza	Sjúkrabíll
Auto	Bíll
Autobus	Rútu
Barca	Bátur
Bicicletta	Reiðhjól
Camion	Vörubíll
Caravan	Hjólhýsi
Elicottero	Þyrla
Motore	Vél
Navetta	Skutla
Pneumatici	Dekk
Razzo	Eldflaug
Scooter	Vespu
Sottomarino	Kafbátur
Taxi	Taxi
Traghetto	Ferja
Trattore	Dráttarvél
Treno	Lest
Zattera	Fleki

Verdure
Grænmeti

Aglio	Hvítlaukur
Broccolo	Spergilkál
Carciofo	Artihoke
Carota	Gulrót
Cetriolo	Gúrku
Cipolla	Laukur
Fungo	Sveppir
Insalata	Salat
Melanzana	Eggaldin
Patata	Kartöflu
Pisello	Pea
Pomodoro	Tómat
Prezzemolo	Steinselja
Rapa	Næpa
Ravanello	Ræðja
Scalogno	Skalottlaukur
Sedano	Sellerí
Spinaci	Spínat
Zenzero	Engifer
Zucca	Grasker

Vestiti
Fötin

Abito	Kjóll
Braccialetto	Armband
Camicetta	Blússa
Camicia	Skyrta
Cappello	Hattur
Cappotto	Kápu
Cintura	Belti
Collana	Hálsmen
Giacca	Jakki
Gonna	Pils
Grembiule	Svuntu
Guanti	Hanska
Jeans	Gallabuxur
Maglione	Peysa
Moda	Tíska
Pantaloni	Buxur
Pigiama	Náttföt
Sandali	Skó
Scarpa	Skór
Sciarpa	Trefil

Congratulazioni

Ce l'hai fatta!

Speriamo che questo libro vi sia piaciuto tanto quanto a noi è piaciuto concepirlo. Ci sforziamo di creare libri della più alta qualità possibile.
Questa edizione è progettata per fornire un apprendimento intelligente, di qualità e divertente!

Le è piaciuto questo libro?

Una Semplice Richiesta

Questi libri esistono grazie alle recensioni che pubblicate.

Puoi aiutarci lasciando una recensione
ora a questo link ?

BestBooksActivity.com/Recensioni50

SFIDA FINALE!

Sfida n°1

Sei pronto per il tuo gioco gratuito? Li usiamo sempre, ma non sono così facili da trovare - ecco i Sinonimi!
Scrivi 5 parole che hai trovato nei puzzle (n° 21, n° 36, n° 76) e prova a trovare 2 sinonimi per ogni parola.

Scrivi 5 parole del ***Puzzle 21***

Parole	Sinonimo 1	Sinonimo 2

Scrivi 5 parole del ***Puzzle 36***

Parole	Sinonimo 1	Sinonimo 2

Scrivi 5 parole del ***Puzzle 76***

Parole	Sinonimo 1	Sinonimo 2

Sfida n°2

Ora che ti sei riscaldato, scrivi 5 parole che hai trovato nei puzzle n° 9, n° 17 e n° 25 e cerca di trovare 2 contrari per ogni parola. Quanti ne puoi trovare in 20 minuti?

Scrivi 5 parole del ***Puzzle 9***

Parole	Antonimo 1	Antonimo 2

Scrivi 5 parole del ***Puzzle 17***

Parole	Antonimo 1	Antonimo 2

Scrivi 5 parole del ***Puzzle 25***

Parole	Antonimo 1	Antonimo 2

Sfida n°3

Grande! Questa sfida  non è niente per te!

Pronto per la sfida finale? Scegli 10 parole che hai scoperto nei diversi puzzle e scrivile qui sotto.

1.	6.
2.	7.
3.	8.
4.	9.
5.	10.

Ora scrivi un testo pensando a una persona, un animale o un luogo che ti piace.

Puoi usare l'ultima pagina di questo libro come bozza.

La tua composizione:

TACCUINO:

A PRESTO!

Tutta la Squadra

www.ingramcontent.com/pod-product-compliance
Lightning Source LLC
Chambersburg PA
CBHW082053120626
46553CB00011B/3389
* 9 7 9 8 8 9 6 7 0 7 4 8 6 *